Michail Gorbatschow
Was jetzt auf dem Spiel steht

Michail Gorbatschow

Was jetzt auf dem Spiel steht

Mein Aufruf für Frieden und Freiheit

Aus dem Russischen
von Boris Reitschuster

Siedler

Verlagsgruppe Random House FSC® N001967

Erste Auflage
September 2019

Copyright © by Michail Gorbatschow, 2019
© 2019 für die deutsche Ausgabe by Siedler Verlag, München,
in der Verlagsgruppe Random House GmbH,
Neumarkter Straße 28, 81673 München
Umschlaggestaltung: FAVORITBUERO, München
Satz: Vornehm Mediengestaltung GmbH, München
Druck und Bindung: Friedrich Pustet KG, Regensburg
Printed in Germany
ISBN 978-3-8275-0128-8
www.siedler-verlag.de

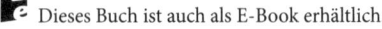 Dieses Buch ist auch als E-Book erhältlich.

Inhalt

Vorwort

Dieses Buch trägt den Titel »Was jetzt auf dem Spiel steht«, und es geht dabei um nicht weniger als die Zukunft der globalen Welt. Ist das nicht vermessen? Wer kann schon voraussagen, wohin die Menschheit sich künftig bewegen wird?

Die Prognosen, die vor hundert oder selbst vor zwanzig Jahren gemacht wurden, lösen heute nur noch mitleidiges Lächeln aus. Doch in diesem Buch möchte ich keine Prognose stellen. Ich möchte reflektieren, wie wir heute handeln, wonach wir streben und was wir vermeiden sollten, wenn wir unsere Welt für künftige Generationen erhalten wollen.

Die aktuellen Ereignisse, Entwicklungen und Pläne, von denen ich in letzter Zeit erfahren habe, machen mir große Sorgen.

Das in Chicago veröffentlichte »Bulletin of the Atomic Scientists«, das seit 1945 die Gefahr eines Atomkrieges ermittelt, hat kürzlich die Zeiger der »Weltuntergangsuhr« eine halbe Minute vorgestellt. Es ist, symbolisch gesprochen, zwei Minuten vor zwölf, wir sind zwei Minuten vom Krieg entfernt. Das letzte Mal war die Lage so dramatisch im Jahr 1953.

Wir leben in einer globalisierten Welt, haben sie aber

noch nicht völlig verstanden, haben nicht gelernt, wie wir alle darin gut leben können. Diese Erkenntnis beschäftigt mich schon länger. Wir bemerken die Gefahren, die auf uns lauern, oft zu spät. Und wenn wir sie doch erkennen, trauen wir uns nicht zu handeln. Wir haben auf vielen Ebenen Partnerschaft und Kooperation gepflegt. Und doch bleibt die Politik oft hinter den raschen Veränderungen in der Welt zurück.

Meine aktive politische Tätigkeit fiel in eine Zeit, als mein Land und die ganze Welt für kolossale Veränderungen reif waren. Wir haben uns den Herausforderungen gestellt. Wir haben manches falsch eingeschätzt und Fehler gemacht. Aber wir haben Veränderungen von historischem Ausmaß angestoßen, und das auf friedliche Weise. Ich denke, das gibt mir das Recht, auch über die Zukunft nachzudenken und meine Gedanken mit Ihnen, liebe Leserinnen und Leser, zu teilen.

Ich hoffe, dass dieses Buch Sie zu eigenem Denken und Handeln anregt. Schließlich sind wir alle für die Zukunft der globalen Welt verantwortlich.

Erster Teil

Unsere gemeinsame Sicherheit

Die Militarisierung der Weltpolitik

Die Weltpolitik entwickelt sich in eine äußerst gefährliche Richtung. Militaristische und destruktive Tendenzen nehmen zu. Der Abbau des Systems zur atomaren Rüstungsbegrenzung schreitet voran. Und die größte Bedrohung für unsere Sicherheit ist die Entscheidung der USA, den INF-Vertrag zur Vernichtung von Kurz- und Mittelstreckenraketen zu kündigen.

Der INF-Vertrag, der START-1-Vertrag zur Reduzierung nuklearer Trägersysteme, aber auch die Initiativen der Präsidenten der UdSSR und der USA zur Beseitigung taktischer Atomwaffen – sie haben es möglich gemacht, dass die Welt von Tausenden Atomwaffen befreit wurde, die sich im Kalten Krieg angesammelt hatten. Wir haben es geschafft, die Politik und das Denken zu entmilitarisieren.

Diese Abkommen wurden zu einem Symbol für das Ende des Kalten Krieges. Bei unserem ersten Treffen in Genf 1985 haben Ronald Reagan und ich jene Idee in Worte gefasst, die später zum INF-Vertrag führen sollte: »Niemals darf ein Atomkrieg entfesselt werden, denn es kann dabei keinen Sieger geben.« Zugleich revidierten unsere beiden Staaten ihre Militärdoktrinen, um die Abhängigkeit von Atomwaffen zu verringern.

Im Vergleich zum Höhepunkt des Kalten Krieges ist die Zahl der Atomwaffen in Russland und den USA bis heute um mehr als 80 Prozent geschrumpft – eine historische Errungenschaft.

Sie betraf nicht nur Atomwaffen. Dazu kam eine Konvention zur Beseitigung chemischer Waffen, und die Länder Ost- und Westeuropas einigten sich auf die radikale Reduzierung ihrer Streitkräfte und ihrer Rüstungsausgaben. Dies war die »Friedensdividende«, die vor allem die Europäer nach dem Ende des Kalten Krieges eingefahren haben.

Seit Mitte der neunziger Jahre setzte dann aber eine gegenläufige Tendenz ein: die schrittweise Remilitarisierung des Denkens und Handels, eine kontinuierliche Steigerung der Militärausgaben und ein Abbau der Rüstungsbeschränkungen.

Heute ist von den drei Hauptpfeilern der globalen strategischen Stabilität – dem ABM-Vertrag, dem INF-Vertrag und dem START-Vertrag – allein das Schicksal des Letzteren, von den Präsidenten Medwedew und Obama 2010 unterzeichnet, noch ungewiss. Nach Aussagen amerikanischer Regierungsvertreter könnte auch er bald Geschichte sein.

Die heutigen militärischen Aktivitäten ähneln zunehmend den Vorbereitungen für einen echten Krieg. Laut Dokumenten, die von der Trump-Administration veröffentlicht wurden, orientiert sich die US-Außenpolitik immer mehr an politischer, wirtschaftlicher und militärischer Rivalität überall auf der Welt. Das Ziel besteht darin, neue Atomwaffen für einen flexibleren Einsatz zu entwickeln. Was nichts anderes bedeutet, als die Schwelle für den Atomwaffeneinsatz stetig zu senken.

Vor diesem Hintergrund verkündete der russische Präsident Wladimir Putin vor der Föderalversammlung die Anschaffung mehrerer neuartiger Waffensysteme. Gleichzeitig erklärte er, Russland strebe kein neues Wettrüsten an, was ohne Zweifel die Stimmung in der Bevölkerung widerspiegelt. Schon oft in der Geschichte war unser Land gezwungen, in einem Rüstungswettlauf gegenüber der anderen Seite aufzuholen. Heute steht nicht nur Russland, sondern die ganze Welt vor einer neuen militärischen Herausforderung.

Die Vereinigten Staaten wollen die Weltpolitik dominieren, indem sie sich auf ihre militärische Überlegenheit stützen – dies ist der Eindruck, wenn man die aktuellen Ereignisse betrachtet.

Die USA wollen dabei die Vereinten Nationen und den Sicherheitsrat an den Rand drängen und durch eine militärische Allianz ersetzen, die nicht nur ihr eigenes Territorium erweitert, sondern auch zunehmend danach strebt, ihren »Verantwortungsbereich« auszudehnen – überall auf der Welt.

In den frühen neunziger Jahren hatten wir uns darauf geeinigt, dass das Gebiet der ehemaligen DDR einen militärpolitischen Sonderstatus erhalten sollte. Deutschland verpflichtete sich, dort keine zusätzliche militärische Infrastruktur, ausländische Truppen und Massenvernichtungswaffen zu stationieren. Darüber hinaus mussten die Deutschen die Zahl ihrer Streitkräfte fast halbieren. Deutschland hat diese wie auch andere Bestimmungen des Vertrages bis heute eingehalten.

Zugleich wurden im Rahmen der NATO und des damals noch bestehenden Warschauer Pakts die jeweiligen Militärdoktrinen überarbeitet. Es war geplant, jeweils die politische zulasten der militärischen Komponente zu stärken. Mitgliedsländer der NATO sowie des Warschauer Pakts einigten sich vertraglich auf den Abbau ihrer Truppenstärke.

Manche meiner Kritiker halten mir bis heute vor, ich hätte damals nicht darauf bestanden, vertraglich festzuhalten, dass die NATO sich zukünftig nicht nach Osteuropa ausdehnen dürfe. Eine solche Forderung wäre absurd, ja geradezu lächerlich gewesen, denn der Warschauer Pakt existierte ja noch. Man hätte uns sofort beschuldigt, ihn preisgegeben zu haben.

Vielmehr haben wir unter den damaligen Bedingungen das Maximum erreicht. Russland hatte das volle Recht zu verlangen, dass die Gegenseite nicht nur getreu den Buchstaben, sondern im Geiste der damaligen Vereinbarungen und Verpflichtungen handelt.

Doch das gegenseitige Vertrauen, das mit dem Ende des Kalten Krieges gewachsen war, wurde dann einige Jahre später schwer erschüttert – durch die Entscheidung der NATO, sich nach Osten auszudehnen. Und Russland konnte darauf keine Antwort finden.

Was auf dem Spiel steht

Der INF-Vertrag, der eine historische Bedeutung für den Frieden hatte, ist nun Geschichte – sein Scheitern geht auf das Konto der USA. Ebenso wie die Weigerung, den Vertrag über das Verbot von Nuklearversuchen zu ratifizieren, und der Rücktritt vom ABM-Vertrag über die Beschränkung von Raketenabwehrsystemen.

Die Kündigung des INF-Vertrags durch einen der beiden Partner bedarf einer Erklärung über außerordentliche Ereignisse, die dessen höchste Interessen gefährden. Wer eine so gravierende Entscheidung trifft, muss der Weltgemeinschaft erklären, was ihn dazu treibt, all das zu zerstören, was bisher aufgebaut wurde.

Was ist passiert, welche Bedrohung treibt die Vereinigten Staaten zu diesem Schritt – deren Militärausgaben um ein Vielfaches höher sind als jene der konkurrierenden Mächte?

Haben die USA den UN-Sicherheitsrat informiert, der dazu geschaffen wurde, um Konflikte zu lösen, die den Frieden bedrohen? Offenbar nicht. Stattdessen werden Russland angebliche Vertragsverstöße vorgeworfen, die selbst für Experten schwer nachzuvollziehen sind. Und all dies im Ton eines Ultimatums.

Als Argument verweisen die USA darauf, dass auch andere Länder, vor allem China, der Iran und Nordkorea, über Mittelstreckenraketen verfügen. Das ist nicht überzeugend. Tatsächlich kontrollieren die Vereinigten Staaten und Russland gemeinsam noch immer mehr als

90 Prozent der weltweit existierenden Atomwaffen. In diesem Sinne bleiben unsere beiden Länder Supermächte, das Atomwaffenarsenal anderer Länder ist zehn- bis fünfzehnmal kleiner.

Wenn der Prozess der Reduzierung von Atomwaffen fortgesetzt würde, müssten sich irgendwann zwangsläufig auch andere Länder anschließen, darunter Großbritannien, Frankreich und China. Diese drei Staaten haben wiederholt ihre jeweilige Bereitschaft bekräftigt. Aber wie kann man von ihnen Zurückhaltung verlangen, wenn eine der Supermächte die bestehenden Beschränkungen aufheben und ihr atomares Arsenal ausbauen will?

Es drängt sich der Eindruck auf, dass hinter der Entscheidung, vom Vertrag zurückzutreten, nicht die von den USA angeführten Gründe stehen, sondern etwas ganz anderes: das Streben nach militärischer Überlegenheit, ein dringender Wunsch, jegliche Beschränkungen bei der Aufrüstung abzuschütteln. »Wir haben viel mehr Geld als jedes andere Land«, erklärt Präsident Trump, »und wir werden unser Rüstungsarsenal erweitern, bis sie zur Besinnung kommen.« Erweitern – warum, wofür? Um der Welt seinen Willen aufzuzwingen?

Das ist eine Illusion. In der heutigen Welt kann kein einzelnes Land Hegemonie erlangen. In letzter Zeit wurde dies deutlich: Selbst die treuesten Verbündeten Washingtons sind nicht mehr bereit, vor dem großen Bruder strammzustehen.

Die Folge der gegenwärtigen destruktiven Wende können nur eine Destabilisierung und ein neues Wettrüsten sein. Die Weltlage wird immer chaotischer und unkontrollierbarer. Dies wiederum gefährdet die Sicherheit aller Staaten, auch die der USA.

Ihr Präsident erklärte, sein Land habe gehofft, einen neuen, »guten« Vertrag abzuschließen. Man sollte sich nicht täuschen lassen, auch nicht durch die Erklärung von Außenminister Mike Pompeo, man habe »keine Pläne, sofort neue Raketenwaffen einzusetzen«. Es bedeutet doch nur, dass die USA diese Raketen noch nicht besitzen.

Diese Beteuerungen haben auch die Europäer nicht überzeugt. Sie sind alarmiert, und das ist verständlich. Jeder erinnert sich an die frühen achtziger Jahre, als Hunderte von Raketen auf unserem Kontinent stationiert wurden, sowjetische SS-20 auf der einen, amerikanische Pershings und Marschflugkörper auf der anderen Seite. Und jeder versteht, dass ein neues Wettrüsten noch gefährlicher sein könnte.

Ich begrüße die Bemühungen der europäischen Länder, den INF-Vertrag zu retten. Die Europäische Union hat die Vereinigten Staaten aufgefordert, über die Folgen des Rücktritts aus dem Vertrag für ihre eigene Sicherheit, die Sicherheit ihrer Verbündeten und die der ganzen Welt nachzudenken. Bundesaußenminister Heiko Maas, der warnte, die Kündigung des INF-Vertrags habe »zahlreiche negative Folgen«, reiste deshalb nach Moskau und Washington, um zu vermitteln. Leider vergeblich. Umso dringlicher ist es, die Bemühungen fortzusetzen, auch nachdem der Rückzug der USA aus dem Vertrag und damit sein Scheitern praktisch vollzogen sind.

Zu viel steht jetzt auf dem Spiel.

Gegner des Vertrags erklären, die Welt habe sich seitdem entscheidend verändert, er sei schlicht veraltet. Das Erstere ist sicher wahr, das Letztere grundfalsch.

Denn trotz aller Veränderungen in der Welt – wir dürfen nicht auf jene Abkommen verzichten, die die Grundlage der globalen Sicherheit nach dem Ende des Kalten Krieges schufen. Vielmehr müssen wir unsere ganze Kraft darauf richten, das wichtigste Ziel zu erreichen: die endgültige Beseitigung aller Atomwaffen.

Gleiche Sicherheit für alle – die Charta von Paris

Im November 1990 kehrte ich aus Frankreich zurück, wo bei einem Treffen der Staats- und Regierungschefs Europas, der USA und Kanadas ein historisches Dokument unterzeichnet worden war: die »Charta von Paris« für ein neues Europa.

Im Flugzeug nach Moskau las ich sie noch einmal. Diese Charta war viel mehr als nur eine politische Erklärung – ein wahres Manifest, eine Verpflichtung gegenüber den Völkern nicht nur Europas, sondern der ganzen Welt.

Die Unterzeichner verkündeten darin: »Die Ära der Konfrontation und Spaltung in Europa ist vorbei.« Fortan würden Beziehungen »auf der Grundlage gegenseitigen Respekts und gegenseitiger Zusammenarbeit« gepflegt, man würde »die Demokratie als einziges Regierungssystem in unseren Ländern aufbauen, festigen und stärken«.

Die Länder Europas und Amerikas erklärten, dass sie in Zukunft gemeinsame Werte verfolgten: »Ein festes Bekenntnis zur Demokratie auf der Grundlage der Menschenrechte und Grundfreiheiten; Wohlstand durch wirtschaftliche Freiheit und soziale Gerechtigkeit und gleiche Sicherheit für alle unsere Länder.«

Gleiche Sicherheit für alle, dies war die Grundvoraussetzung für alles andere. Die Charta war da unmissverständlich: »Mit dem Ende der Teilung Europas werden wir uns bemühen, unseren Sicherheitsbeziehungen eine neue Qualität zu verleihen, wobei die Wahlfreiheit in diesem Bereich uneingeschränkt gewahrt bleibt. Sicherheit ist unteilbar, und die Sicherheit jedes Teilnehmerstaats ist untrennbar mit der Sicherheit aller anderen verbunden.«

Am Ende heißt es:

»Wir beschließen, Mechanismen zur Verhütung und Lösung von Konflikten zwischen Teilnehmerstaaten zu schaffen. (…) Wir werden nicht nur nach wirksamen Wegen suchen, um mögliche Konflikte mit politischen Mitteln zu verhindern, sondern im Einklang mit dem Völkerrecht auch geeignete Mechanismen zur friedlichen Beilegung etwaiger Streitigkeiten festlegen. Dementsprechend verpflichten wir uns, in diesem Bereich nach neuen Formen der Zusammenarbeit zu suchen.«

Wenn ich heute dieses Dokument betrachte, steht es für mich in einer Reihe mit den großen Abkommen, die wir bei unseren Treffen mit den US-Präsidenten Ronald Reagan in Reykjavik und George Bush in Malta erzielt haben. Es war der Schritt vom Kalten Krieg in eine friedliche Zukunft.

Europa spielte dabei eine besondere Rolle. Hier wurde im zwanzigsten Jahrhundert die Weltgeschichte entscheidend geprägt. Von hier aus verbreiteten sich jene Ideologien, die sich bald auf allen Kontinenten feindlich gegenüberstanden. Hier wurde auf dramatische Weise über Krieg und Frieden entschieden.

In der ersten Hälfte des zwanzigsten Jahrhunderts erlebte Europa die Katastrophe zweier Weltkriege, den Tod vieler Millionen Menschen, die verheerenden Auswirkungen von totalitären Ideologien, von Willkür und Zerstörung von Recht und Moral.

In der zweiten Hälfte des Jahrhunderts standen Europa und die ganze Welt vor weiteren kolossalen Herausforderungen. Die bei der Gründung der Vereinten Nationen proklamierten Ideale des Friedens und der Zusammenarbeit blieben ein fernes und für viele unerreichbares Ziel. Die Welt zerfiel in feindliche Lager. Und seit dem Aufkommen der Atomwaffen steht sogar die Existenz der Menschheit auf dem Spiel.

Die Generation der Politiker, der ich angehöre, wurde in der Nachkriegszeit geprägt. Einige von uns haben am Zweiten Weltkrieg als Soldaten teilgenommen, andere haben die schrecklichen Heimsuchungen als Kinder oder Heranwachsende erlebt. Der Zweite Weltkrieg hat tiefe Spuren in unserer Seele hinterlassen und uns gelehrt, den Frieden besonders zu schätzen.

Wir begannen unseren Weg in die Politik in den Jahren des Kalten Krieges und des beginnenden Wettrüstens, als teils aus objektiven Gründen, teils aufgrund der Fehler einzelner Staatsmänner, die historische Chance auf Frieden und Zusammenarbeit vertan worden war.

Politiker und Diplomaten waren in diesen Jahren vor allem darum bemüht, dass aus dem Kalten Krieg kein echter, »heißer« Krieg wurde. Das Wettrüsten konnten sie nicht verhindern.

Dafür war ein Durchbruch im Denken erforderlich. Und der kam tatsächlich zustande, nicht über Nacht, sondern als Ergebnis einer langen intellektuellen Suche auf beiden Seiten der damals noch geteilten Welt.

Das Ende des Kalten Krieges war das Ergebnis gemeinsamer Anstrengungen. Die Führer der Staaten, von denen das Schicksal der Welt abhing, zeigten damals Verantwortungsbewusstsein und politischen Willen. Und die gewaltigen Veränderungen, die allen Völkern Europas den Weg zu Freiheit und Demokratie ebneten, verliefen friedlich und gewaltfrei.

Freiheit – Worte und Taten

Einer der Grundsätze des neuen politischen Denkens lautete: Sicherheit kann niemals einseitig zum Nachteil anderer erreicht werden. Das war auch die Überzeugung der damaligen politischen Führung der Sowjetunion. Wir boten unseren westlichen Partnern Vereinbarungen an, die die aktuellen Konflikte lösen und dabei die Interessen beider Vertragsparteien berücksichtigen sollten.

Ein weiteres wichtiges Prinzip war die Wahlfreiheit, also das Selbstbestimmungsrecht. Das haben wir in der Sowjetunion den Völkern unseres großen, aus vielen Volksgruppen bestehenden Landes eingeräumt. Die Menschen konnten ihre Meinung frei äußern, ihre Politiker selbst wählen, politische Parteien und Vereinigungen gründen. Zugleich konnten wir den Völkern der Länder, die seit Jahrzehnten unsere Verbündeten waren, eben diese Wahlfreiheit und das Recht auf Selbstbestimmung nicht verweigern.

Wir haben unser Engagement für dieses Prinzip in der Praxis bewiesen. In der DDR und in den mittel- und osteuropäischen Ländern gingen die Menschen auf die Straße und forderten Freiheit, und kein Einziger von vielen Hunderttausend russischen Soldaten, die in diesen Ländern stationiert waren, verließ die Kaserne. Die Sowjetunion hinderte die Völker nicht daran, ihr Schicksal selbst zu bestimmen. In Europa gab es eine Revolution, beispiellos und unblutig.

Ohne dabei die Rolle der Völker selbst gering zu schätzen, möchte ich hinzufügen: Diese friedliche Revolution und, ganz allgemein, ein neues, demokratisches Europa wären unmöglich gewesen ohne die tiefgreifenden Veränderungen, die in der Sowjetunion ihren Anfang nahmen, ohne Glasnost und Perestroika.

Und so hatten die Sowjetunion und ihr Nachfolger Russland das Recht zu erwarten, dass in diesem neuen Europa die Sicherheitsinteressen unseres Landes berücksichtigt werden. Wir betrachteten die Charta von Paris als den Beginn einer Entwicklung hin zu einer gemeinsamen, unteilbaren Sicherheit.

Was ist vom Geist der Charta von Paris geblieben? In den neunziger Jahren geriet sie offenbar in Vergessenheit. Minister und Staatsoberhäupter haben dieses historische Dokument jahrelang nicht einmal erwähnt. Was ist aus der zentralen Verpflichtung geworden, die dort verankert wurde, nämlich »Mechanismen zur Verhütung und Beilegung von Konflikten zwischen Teilnehmerstaaten« zu schaffen? Es folgte kein einziger substantieller Schritt in diese Richtung. Die Verpflichtungen aus der Charta von Paris zu ignorieren, das war nur eines der Symptome einer ganz speziellen Krankheit, von der die politische Elite des Westens im ersten Jahrzehnt nach dem Ende des Kalten Krieges befallen wurde: Siegesrausch.

Was meine ich damit? Vor drei Jahrzehnten hat niemand daran gezweifelt: Das Ende des Kalten Krieges war unser gemeinsamer Sieg. Er kam zustande durch Dialog und Verhandlungen über die kompliziertesten Probleme der Sicherheit und Abrüstung und indem man bilaterale Beziehungen aufnahm. Ohne all dies hätten der Kalte Krieg und das Wettrüsten noch einige Jahrzehnte andauern können. Und wer weiß, wozu das hätte führen können!

Anstatt all dies anzuerkennen, erklärte der Westen sich zum Sieger. Das Ende des Kalten Krieges – das war für ihn erst vollzogen mit dem Ende der Sowjetunion. Amerikanische Staatsmänner nannten das eine Politik aus einer Position der Stärke heraus.

Und schlossen, es sei nun notwendig, die eigene militärische Macht weiter auszubauen, den eigenen Willen durchzusetzen, eine unipolare Welt zu schaffen, ein amerikanisches Reich. Die Folgen sind bekannt, im Nahen Osten wie in Nordafrika, in Jugoslawien wie in der Ukraine, wo sich die USA aktiv in innenpolitische Prozesse einmischen. In Europa, also auf jenem Kontinent, der zwei Weltkriege erlebte! Das ist unverzeihlich.

Den Teufelskreis durchbrechen!

Gibt es einen Ausweg aus dem Teufelskreis von Konflikten und Kriegen? Der größte Fehler wäre jetzt, in Panik zu geraten und den Kopf hängen zu lassen. Jetzt kommt es darauf an, dass wir die Lage verstehen und konkrete Schritte überlegen, um ein neues Wettrüsten zu verhindern.

Was können wir tun? Zuallererst: nicht schweigen, sondern Alarm schlagen, mit denen streiten, die die Gefahr ignorieren. Die Argumente all derjenigen widerlegen, die den Einsatz von Gewalt als Weg zum Frieden betrachten. Und vor allem jener, die dabei ausgerechnet auf Atomwaffen vertrauen.

Ich erinnere mich an meine heftigen Diskussionen zu diesem Thema mit Margaret Thatcher, der damaligen britischen Premierministerin. Ich habe viel mit ihr gestritten, und wir haben uns genauso oft verständigt, aber in der Atomfrage beharrte sie gewissermaßen bis zum letzten Atemzug auf ihrem Standpunkt. Es waren Atomwaffen, behauptete Frau Thatcher, die den Frieden in der zweiten Hälfte des 20. Jahrhunderts gesichert hätten. Sonst wäre der Dritte Weltkrieg ausgebrochen. Ich fragte: »Sitzen Sie wirklich bequem auf diesem nuklearen Pulverfass?« Ich zeigte ihr ein Schaubild, das die Atomarsenale schematisch darstellte, in Hunderten von Punkten. Schon einer dieser Punkte reichte aus, um die Menschheit auszulöschen.

Ich konnte Margaret Thatcher damals nicht überzeugen. Aber wir hören heute die gleichen Argumente, in den Vereinigten Staaten und auch in Russland, wo es viele Anhänger von Atomwaffen gibt. Ich werde beide Länder nicht auf die gleiche Stufe stellen, bin aber davon überzeugt, dass beide imstande sind, auch ohne Atomwaffen für ihre eigene Sicherheit zu sorgen. Sie haben dafür die nötigen Ressourcen und Technologien.

Und dies ist nicht das einzige Argument für die Reduzierung und am Ende den vollständigen Verzicht auf Atomwaffen.

Ein gefährlicher Mythos

Atomwaffen sind wie ein Gewehr, das in einem Theaterstück an der Wand hängt. Wir haben das Stück weder geschrieben noch inszeniert, wir wissen nicht, was der Autor beabsichtigt. Jederzeit kann jemand das Gewehr von der Wand nehmen.

Eine Atomwaffe kann aufgrund eines technischen Defekts oder Fehlers – eines Menschen oder eines Computers – versehentlich abgefeuert werden. Das macht mir besonders Sorgen. Heute werden überall Computersysteme eingesetzt, in der Luftfahrt, in der Industrie, in allen möglichen Steuerungssystemen, und allerorten passieren Unfälle, die durch Computer oder Elektronik ausgelöst wurden. Nuklearwaffen können durch Fehlalarm ausgelöst werden – je kürzer die Flugzeit des Flugkörpers zum Ziel, desto höher die Wahrscheinlichkeit einer solchen Fehlanwendung. Sie können in die Hände von Terroristen gelangen. Und wer weiß, was es sonst noch alles an Überraschungen gibt.

Meine Einstellung zu Atomwaffen hat sich früh herausgebildet, schon Mitte der fünfziger Jahre als Mitglied des kommunistischen Jugendverbands, wo ich in meiner Heimatregion Stawropol Parteiarbeit machte.

Eines Tages wurde uns Aktivisten ein Film über den Zivilschutz im Falle eines Atomkrieges gezeigt. Der Film beschränkte sich nicht darauf, Diagramme und Schaubilder zu präsentieren. Es waren echte Bilder von realen Atomwaffentests. Die Druckwelle, die ein Gebäude in Stücke riss, Bäume, die entwurzelt wurden und durch die Luft wirbelten, totes Vieh und schwarzer Wind – es waren furchtbare Bilder. Der Versuch, beim Zuschauer den Eindruck zu erwecken, man könne einen Atomkrieg überleben, erschien mir absurd (O-Ton: »Es ist notwendig, sich von der Explosion abzuwenden … sich auf den Boden zu legen … sich mit einem weißen Laken zu bedecken …«) Nach der Vorführung sagte ich nur: »Hängt euch ein weißes Laken um und kriecht direkt zum Danilovskij-Friedhof!«

Wer an den Mythos glaubt, Atomwaffen hätten »die Welt gerettet«, den möchte ich daran erinnern, dass während des Kalten Krieges mindestens einmal ebendiese Waffen die Welt an den Rand eines Nuklearkriegs brachten.

Kürzlich veröffentlichte Dokumente belegen, wie nahe

die Menschheit in der Kubakrise 1962 dem Abgrund gekommen war. Alles hing am seidenen Faden. Die Welt wurde schließlich nicht durch Atomwaffen gerettet, sondern durch die Besonnenheit der Führer beider Länder – John Kennedy und Nikita Chruschtschow.

Ich bin mir sicher: Beide haben ihre Meinung über Atomwaffen danach geändert. Sie haben fortan in ihren Reden aufgehört, die Atombombe zu loben. Auch schlossen sie einen Vertrag, durch den Atomtests in der Atmosphäre, im Weltraum und unter Wasser zukünftig verboten waren. Dies hat nicht nur die Entwicklung der Waffentechnik verzögert, sondern auch die Umwelt bewahrt vor tödlichen Substanzen, die bei Atomexplosionen freigesetzt werden.

Genauso wichtig aber war, dass die Staatenlenker ihr Denken veränderten. Davon zeugen etwa die Erinnerungen Chruschtschows, aber auch Kennedys öffentliche Äußerungen. »Über welche Welt spreche ich, auf welche Welt zielen wir?«, fragte jener in seiner Rede an der American University in Washington. Und gab selbst die Antwort: »Dies ist nicht Pax Americana, der der Welt durch amerikanische Waffen aufgezwungen wurde … Echter Frieden muss das Ergebnis der Bemühungen vieler Völker sein, die Summe neuer Aktionen.« Über die Sowjetunion, das sowjetische Volk, sprach Kennedy in dieser Rede jedenfalls nicht als Feind.

Es gab damals sehr wohl die Chance, das Wettrüsten dauerhaft zu stoppen, die Politik zu demilitarisieren und eine neue Denkweise zu verankern. Kennedy aber hatte kaum noch Chancen, wenigstens den Versuch zu wagen, diese Ideen in praktische Politik umzusetzen. Ein Jahr später setzte eine Kugel in Dallas seinem Leben ein Ende. Ich persönlich glaube, dass dieser Mord noch immer ungeklärt ist.

Heute muss ich feststellen: Die Welt steht vor einer akuten, unkontrollierbaren militärischen und politischen Konfrontation der beiden führenden Weltmächte. Alle bisher geschaffenen Mechanismen zur Friedenssicherung sind entweder beschädigt, gelockert oder bedroht. Wenn es so weitergeht, kann es zu einer Katastrophe kommen. Diejenigen, die diesen höllischen Weg einschlagen, müssen sich dessen bewusst sein.

In letzter Zeit wird immer häufiger von gefährlichen Beinahe-Kollisionen von Militärflugzeugen und Kriegsschiffen berichtet. Muss erst eine reale Kollision passieren, damit Politiker und Militärs zur Besinnung kommen? Sehen sie wirklich nicht die Gefahr einer Kettenreaktion von Ereignissen, die nicht mehr gestoppt werden kann?

Gibt es einen Ausweg aus der aktuellen Lage? Die einzig sinnvolle Lösung sind Verhandlungen. Es muss alles getan werden, damit die gegenseitigen Anschuldigungen, die kriegerische Rhetorik und das Wettrüsten aufhören und ein ernsthafter Dialog beginnt.

Welche Verhandlungen jetzt nötig sind

Es werden schwierige Verhandlungen, die jetzt beginnen müssen und, davon bin ich überzeugt, auch beginnen werden. Denn es gibt neue Bedrohungen, etwa nichtnukleare Waffen mit hoher Präzision und großer Reichweite, die die Grenze zwischen Massenvernichtungswaffen und konventionellen Waffen verwischen. Dazu Weltraumwaffen und Cybertechnik.

All dies muss Teil von Verhandlungen werden. Die Hauptsache bleibt aber, das neue Atomwettrüsten zu stoppen.

Dabei dürfen wir nicht vergessen: In der Geschichte der Verhandlungen über die Begrenzung und Reduzierung von Atomwaffen kam es immer wieder auch zu Rückschlägen.

Erinnern wir uns an die frühen siebziger Jahre. In einer äußerst schwierigen Lage nahmen die Sowjetunion und die Vereinigten Staaten Verhandlungen über strategische Rüstung auf. Sie konnten sich im ABM–Vertrag darauf einigen, Raketenabwehrsysteme zu begrenzen. Das war ein wichtiger Durchbruch, intellektuell und moralisch.

Denn Politiker und Militärs erkannten, dass es unmöglich war, einen zuverlässigen Raketenabwehrschirm zu schaffen, und somit würde es vor den Folgen eines Atomkrieges keinen Schutz geben. Der Einsatz von Raketenabwehrsystemen wurde zunächst auf zwei Bereiche beschränkt und schließlich auf einen reduziert.

Es ist wahr, dass Ronald Reagan später an die Wirksamkeit der Raketenabwehr geglaubt hat, und unter Präsident George W. Bush sind die USA vom Raketenabwehrvertrag zurückgetreten. Und doch hat dieser Vertrag Wirkung erzielt: Ein Wettrüsten in diesem Bereich wurde jedenfalls vermieden.

Dafür kam im Bereich der strategischen Offensivwaffen alles viel schlimmer. Im Mai 1972 unterzeichneten Leonid Breschnew und Richard Nixon gleichzeitig mit dem ABM-Vertrag ein temporäres Abkommen über die Begrenzung der Zahl der Träger strategischer Atomwaffen auf die bis dahin erreichten Höchstgrenzen.

Das Zeitalter der Entspannung zwischen Ost und West wurde ausgerufen, das nukleare Wettrüsten schien zu Ende zu gehen. Aber ein Bereich blieb ausgespart – die Bestückung der Raketen mit Mehrfachsprengköpfen samt eigener Lenkung. Keine Seite wollte sich eine solche Option nehmen lassen.

Was war das? Ein listiger Schachzug des militärisch-industriellen Komplexes? Ein rascher technologischer Durchbruch, auf den die Politiker nicht vorbereitet waren? Ihre Kurzsichtigkeit, gar die Unfähigkeit, alle Konsequenzen des Einsatzes dieser neuen Waffen zu bedenken?

Vielleicht von allem etwas. Trotzdem stieg die Anzahl von Sprengköpfen auf land- und seegestützten Langstreckenraketen rasant, und Ende der siebziger Jahre hatte die Größe der nuklearen Arsenale um ein Vielfaches zugenommen. Dies setzte sich in der ersten Hälfte der achtziger Jahre fort. Hinzu kam das Problem der Mittelstreckenraketen.

Den Teufelskreis durchbrechen

Als ich in die Führungsspitze der UdSSR aufrückte und begann, mich mit nuklearer Abrüstung zu beschäftigen, war ich erstaunt. Ständig waren Verhandlungen im Gange, Diplomaten und Militär trafen sich regelmäßig, es wurden Reden ausgetauscht – und das Wettrüsten ging immer weiter. Die Arsenale wuchsen, die Atomtests wurden fortgesetzt. Eine grausame Trägheit, ein Teufelskreis, dem man nicht entkommen konnte.

In der zweiten Hälfte der achtziger Jahre kam die politische Führung sowohl in der UdSSR als auch in den USA zu dem Schluss, all dies dürfe nicht auf unbestimmte Zeit so weitergehen. Es war die Parallele zum Leitspruch der Perestroika: »Es ist unmöglich, so weiterzuleben.«

Trotz aller Meinungsunterschiede und der Schärfe mancher Debatte mit Ronald Reagan oder Außenminister George Schultz waren wir uns einig, dass das Wettrüsten mit Atomwaffen nicht nur gestoppt, sondern vielmehr ins Gegenteil verkehrt werden musste. Reykjavik brachte den Durchbruch. Auf dem Gipfel in der isländischen Hauptstadt 1986 wurden die Grundlagen der Abkommen über strategische Rüstung und des INF festgelegt. Zwischendurch gerieten die Gespräche ins Stocken. Ohne politischen Willen hätte alles scheitern können. Aber am Ende hatten wir ein Ergebnis.

Das ist eine wichtige Lektion für heute. Der Durchbruch gelang auch, weil wir uns nicht nur auf die Diskussion von »Obergrenzen«, »Unterebenen« oder »Kontrollproblemen« beschränkten, egal wie wichtig sie waren, sondern auch versuchten, über den Horizont hinauszublicken. Wir erklärten nicht nur einen Atomkrieg für inakzeptabel, sondern diskutierten auch – zuerst auf Expertenebene und dann auf politischer Ebene – die spezielle Frage, wie ein Atomkrieg zukünftig verhindert werden kann.

Dieses Thema prägte etwa meinen USA-Besuch im Juni 1990. Die Agenda war umfangreich und komplex. Nicht nur mussten wir die mit dem Einigungsprozess Deutschlands verbundenen Probleme lösen, auch hatte sich das Verhandlungstempo in Sachen Reduzierung strategischer Offensivwaffen verlangsamt, der avisierte Vertrag drohte in einem Wust technischer Details stecken zu bleiben. So war wieder ein politischer Impuls nötig – er kam durch die »gemeinsame Erklärung« von uns beiden Präsidenten.

Zum ersten Mal wurde darin eine Definition der strategischen Stabilität für die beiden Mächte festgehalten. Es würden strategische Beziehungen angestrebt, heißt es in der Erklärung, die »die Anreize für einen atomaren Erstschlag beseitigen«. Dies war ein wichtiger Schritt zur Verhütung des Ersteinsatzes von Atomwaffen. Und das nicht nur deklarativ (obwohl Deklarationen auch in der Politik wichtig sind), sondern begleitet durch Richtlinien für die praktische militärische Umsetzung.

Zuerst haben die UdSSR und die USA damals einen Zusammenhang zwischen strategischen Offensiv- und Defensivwaffen hergestellt. Folglich sollten Raketenabwehrsysteme ebenfalls Beschränkungen unterliegen und nicht unkontrolliert eingesetzt werden. Zudem wurde festgehalten, dass Stabilität eine Verringerung der Konzentration von Sprengköpfen auf strategischen Trägersystemen erfordert. Drittens wurde konstatiert, dass Waffen, die im Falle einer militärischen Auseinandersetzung besonders schwer zu treffen, also zu vernichten waren, bevorzugt würden.

Auf Grundlage dieser Vereinbarung erklärten sich die Vereinigten Staaten bereit, auf ihre bisherige Forderung an die Sowjetunion, ihre mobilen Raketensysteme abzubauen, zu verzichten. Alle diese Grundsätze wurden in dem Vertrag über die Reduzierung und Beschränkung strategischer Waffen (START-1) umgesetzt, der ein Jahr später in Moskau unterzeichnet und später von beiden Parteien ratifiziert und vollständig umgesetzt wurde.

Heutzutage drohen neue, sogenannte »vielversprechende« Waffen. Und Militärdoktrinen werden verändert, um die eben beschriebenen Prinzipien und damit die strategische Stabilität als Ganzes zu untergraben. Eine der wichtigsten Aufgaben zukünftiger Verhandlungen sollte deshalb darin bestehen, diese Prinzipien zu stärken und weiterzuentwickeln.

Jetzt geht es darum, auch die bestehenden Militärdoktrinen ernsthaft in Frage zu stellen. Denn die Weltgemeinschaft hat das Recht zu erfahren, warum die führenden Atommächte nicht grundsätzlich auf den Ersteinsatz von Atomwaffen verzichten. Für die Vereinigten Staaten zum Beispiel war und ist die Fähigkeit, mit einem Atomschlag auf eine nichtnukleare Bedrohung zu reagieren, Teil ihrer Militärdoktrin. Diese Bestimmung wird nicht angetastet.

Warum? Kann eine so starke Militärmacht ihre eigene Sicherheit nicht gewährleisten, ohne mit dem Einsatz der stärksten Waffen in der Geschichte der Menschheit zu drohen? Bisher gibt es darauf keine überzeugende Antwort.

Die 2014 veröffentlichte Militärdoktrin der Russischen Föderation sieht ebenfalls eine solche Möglichkeit vor: »im Falle einer Aggression gegen die Russische Föderation mit konventionellen Waffen, wenn die Existenz des Staates bedroht ist.« Zugleich erklärte Präsident Putin kürzlich: »Wir haben keinen Präventivschlag in unserem Konzept für den Einsatz von Atomwaffen. Das heißt, wir sind nur dann bereit, Atomwaffen einzusetzen und werden das auch nur dann tun, wenn wir sicher sind, dass irgendjemand, ein potenzieller Angreifer, einen Schlag gegen Russland, gegen unser Territorium, ausführt.«

Wenn wir auf dieser Grundlage ins Gespräch kommen, können wir hoffentlich die gegensätzlichen Positionen einander annähern.

Vorbild sein

Heute liegt die Hauptverantwortung bei den Vereinigten Staaten und Russland. Diese beiden Länder sollten ihre Verhandlungen wiederaufnehmen, einen Ausweg aus der Sackgasse finden und der Welt zeigen, dass sie bereit sind, ihre Verpflichtungen aus dem Vertrag über die Nichtverbreitung von Kernwaffen zu erfüllen. Lassen Sie mich daran erinnern: Die zentrale Verpflichtung besteht darin, dass die Atommächte – im Gegenzug für den Verzicht der überwiegenden Mehrheit der Länder der Welt auf Atomwaffen – ihre eigenen Arsenale reduzieren und letztendlich beseitigen werden.

Auf der Überprüfungskonferenz zum genannten Vertrag im Jahr 2015 gab es keine Einigung; die Nichtatom-Vertragsstaaten erklärten offen ihre Unzufriedenheit mit der aktuellen Situation. Die nächste Konferenz soll 2020 stattfinden. Ich befürchte, dass wir nach dem Rückzug der USA aus dem Abkommen über die Abwicklung des iranischen Atomprogramms dieses Mal mit einem Scheitern rechnen können. Die Konsequenzen wären alarmierend.

In der jüngeren Geschichte gibt es Beispiele, wie Atommächte anderen durch ihr Verhalten zum Vorbild wurden. Damit meine ich nicht nur die am Ende des Kalten Krieges unterzeichneten Verträge. Auch die Geschichte der Atomtests sei erwähnt. Die Welt atmete erleichtert auf, als die UdSSR, die USA und das Vereinigte Königreich 1963 den Vertrag über die Einstellung von Atomtests in der Atmosphäre, im Weltraum und unter Wasser schlossen. Andere Atomstaaten, die diesen Vertrag nicht einmal unterzeichnet hatten, folgten ihrem Beispiel.

Drei Jahrzehnte später wurde das Thema erneut akut. Die Sowjetunion setzte sich beharrlich für die Einstellung aller Atomtests ein und erklärte ein Moratorium für die Durchführung von atomaren Explosionen. Nicht sofort stießen wir damit auf Verständnis, aber wir blieben hartnäckig. Das Ergebnis war ein neuer Vertrag, der jegliche

Atomtests verbot. Und obwohl die Vereinigten Staaten die Situation verschärften, indem sie sich weigerten, den Vertrag zu ratifizieren, setzten sich am Ende die öffentliche Meinung und gesunder Menschenverstand durch: 1992 führten die USA ihren letzten Atomtest in der Wüste von Nevada durch. Im 21. Jahrhundert hat bisher nur noch Nordkorea Atomwaffen getestet. Es gibt also Grund zur Hoffnung, dass auch dieses Land dazu gebracht werden kann, sein Atomprogramm aufzugeben. Egal wie schwierig die Verhandlungen auch sein mögen.

Wenn Russland und die Vereinigten Staaten sich erneut an den Verhandlungstisch setzen, wird sich auch die Stimmung insgesamt verbessern. Und ebenso die Voraussetzungen für den Dialog mit anderen Ländern, die ebenfalls Atomwaffen besitzen. Am Anfang könnten Konsultationen stehen zur Klärung der gegenseitigen Absichten, zur Erörterung militärischer Doktrinen, zu vertrauensbildenden Maßnahmen und Transparenz. Dem könnten Verhandlungen und erste Vereinbarungen folgen.

Schwer zu sagen, wie diese Vereinbarungen aussehen könnten. Vielleicht wird sich die Diskussion in der ersten Phase auf das »Einfrieren« von Nukleararsenalen konzentrieren. Angesichts der historisch gewachsenen Überzeugung mancher Staaten, die ihre Sicherheit nicht ohne Kernwaffen gewährleistet sehen, wäre das für sich genommen schon ein Erfolg.

Einige Staaten haben freiwillig auf Atomwaffen verzichtet – entweder darauf, sie selbst herzustellen (Südafrika), oder darauf, Nuklearwaffen zu übernehmen, wie die

Ukraine, Kasachstan und Weißrussland, auf deren Territorien Atomwaffen der UdSSR stationiert waren.

Die Erfahrung zeigt, dass nicht nur bei atomarer Aufrüstung Wettbewerb möglich ist, sondern auch beim Verzicht. In Zukunft sollte es zu rechtsverbindlichen Vereinbarungen in dieser Richtung kommen.

Im Mai 2009 nahm ich an der Eröffnungszeremonie des Friedensglocken-Parks in der Provinz Gangwon-do teil, an der Grenze der entmilitarisierten Zone zwischen Nordkorea und Südkorea. In der Region wurden während des Koreakrieges in den fünfziger Jahren die schwersten Schlachten geschlagen. Und heute gibt es den Friedenspark mit einer Glocke aus geschmolzenen Patronen, die an Kriegsschauplätzen des Koreakrieges und an anderen Orten der Welt gesammelt wurden.

Während dieses Besuchs spürte ich, wie eng militärische und politische Faktoren, die Geschichte und die regionale Sicherheit miteinander verflochten sind. Buchstäblich am Vorabend der Parkeröffnung führte Nordkorea einen Atomtest durch. Es war eine Provokation. Aber der Park war offen, die Glocke läutete vor Tausenden von Menschen, die aus allen Provinzen Südkoreas herbeigeströmt waren. An diesem Tag habe ich gesehen, wie groß der Wunsch der einfachen Leute nach Frieden ist – und nach der Befreiung der koreanischen Halbinsel von Atomwaffen.

Ohne Zweifel ist auch die überwiegende Mehrheit der Völker in anderen Weltteilen gegen Atomwaffen eingestellt. Und letztlich müssen alle Staaten, die Atomwaffen besitzen, an den Verhandlungstisch, um über ihre Abschaffung zu reden – auf Augenhöhe mit den nichtnuklearen Staaten.

Ebenso wichtig sind Verhandlungen zur Verhinderung eines Wettrüstens in jenen Bereichen, in denen, wie es heißt, ein Quantensprung unmittelbar bevorsteht. Dies betrifft vor allem Weltraumwaffen und Informations- und Cybertechnologien. Es ist schlimm, sich überhaupt vorzustellen, was passieren wird, wenn sich die enormen Möglichkeiten der modernen Technologie in militärischer Richtung entfalten.

Es wäre richtig, so bald wie möglich Konsultationen zu diesen Themen im UN-Sicherheitsrat aufzunehmen. Die Gefahr einer Militarisierung von Weltraum und Cyberspace ist real und in ihren möglichen Folgen katastrophal.

Wir müssen gemeinsam handeln

Von allen Problemen der internationalen Sicherheit ist die nukleare Gefahr heute das dringlichste. Aber nicht das einzige. Die Spontanität, die Zufälligkeit und die Unvorhersehbarkeit politischer Prozesse sind in verschiedenen Formen allgegenwärtig.

In einigen Regionen – Afrika, Südostasien, Lateinamerika – gehören nach dem Ende des Kalten Krieges dauerhafte Konflikte der Vergangenheit an. Aber keineswegs überall auf der Welt. Konflikte sind vielerorts nur eingefroren, auch wenn das Bild missverständlich ist. Denn Konflikte schwelen, flammen von Zeit zu Zeit auf, drohen zu explodieren. Zu den alten Konflikten kamen neue hinzu. Und es scheint, dass sich die internationale Gemeinschaft zumindest mit einigen von ihnen abgefunden hat. Wir dürfen das nicht hinnehmen.

Ich überlege, wo ich nach Lösungen suchen soll. Und denke immer wieder über die Vereinten Nationen nach, ihre Geschichte und ihren Platz in der heutigen Welt.

Mich besorgt zutiefst, dass die UNO ihre Rolle als Hauptinstrument zur Lösung der Probleme internationaler Sicherheit verlieren könnte. Doch genau dafür wurde sie geschaffen. Sie wurde dieser Aufgabe in ihrer Geschichte nicht immer gerecht, aber es gab auch Erfolge.

Bis heute hängt alles davon ab, ob die Mitgliedsstaaten der UNO den Willen zur Zusammenarbeit entwickeln, den Willen, multilaterale Maßnahmen zu ergreifen, um Konflikte und Krisensituationen zu verhindern und zu lösen. Der Erfolg hängt zumeist davon ab, ob die einflussreichsten Mitglieder eben diesen Willen offenbaren.

Durch eine gemeinsame Position und gemeinsames Handeln kann die internationale Gemeinschaft ihre Ziele erreichen. Dies zeigt ein Beispiel aus der jüngeren Geschichte.

Im Spätsommer 1990 brach im Nahen Osten eine Krise aus, die unter den Bedingungen des Kalten Krieges zu einer Konfrontation zwischen Großmächten mit unvorhersehbaren Folgen hätte führen konnte. Anfang August marschierten irakische Truppen in kuwaitisches Gebiet ein. Ein kleiner arabischer Staat wurde überrollt, das Regime von Saddam Hussein drohte Kuwait als Staat auszulöschen.

Von Anfang an betrachteten wir dies als einen schweren, inakzeptablen Verstoß gegen das Völkerrecht. Die überwiegende Mehrheit der anderen Nationen dachte ebenso. Das Verhalten des irakischen Regimes stellte uns jedoch vor ernsthafte Probleme.

Wir hatten einen Freundschafts- und Kooperationsvertrag mit dem Irak. Tausende unserer Leute waren im Land, darunter auch Militärexperten. Wir hatten dort große wirtschaftliche Interessen. Das irakische Regime hoffte, dass die UdSSR, wenn sie den Irak schon nicht unterstützte, so doch die Augen verschließen würde vor dessen Aktionen.

In dieser Situation haben wir uns geweigert, in der Logik des Kalten Krieges zu handeln, nach dem Grundsatz: »Er ist ein Hurensohn, aber wenigstens unser Hurensohn.« Wir erklärten Saddam Hussein umgehend, dass seine Handlungen inakzeptabel seien.

Zum ersten Mal seit vielen Jahren waren in einem regionalen Konflikt die UdSSR und die USA nicht auf unterschiedlichen Seiten der Barrikade. Die Frage war jedoch, wie wir das gewünschte Ziel erreichen konnten: zum einen den Abzug der irakischen Truppen aus Kuwait, aber natürlich auch die Wiederherstellung der Souveränität dieses Landes.

Wir erlebten, dass viele im Westen, auch einflussreiche Kräfte in den Vereinigten Staaten, darauf bestanden, so schnell wie möglich Waffengewalt anzuwenden. Wir hielten es dagegen für notwendig, einen friedlichen Ausweg aus dieser Situation zu suchen. Genauso erklärte ich es Präsident George Bush Anfang September 1990 auf einem Treffen in der finnischen Hauptstadt Helsinki.

Wir vereinbarten, über den UN-Sicherheitsrat aktiv zu werden, der eine Reihe von Sanktionen gegen den Irak beschloss und den sofortigen Abzug der irakischen Truppen aus Kuwait forderte. Ich kann sagen, dass unser Gewissen rein ist: Wir haben alles getan, um dieses Ziel mit politischen Mitteln durch Verhandlungen zu erreichen. Ich selbst nahm an stundenlangen Verhandlungsmarathons und Telefongesprächen mit den Führern der Vereinigten Staaten, des Irak und der arabischen Länder teil.

Saddam Hussein blieb stur, und so ließ sich die Anwendung militärischer Gewalt nicht verhindern. Der Irak erklärte sich erst allzu spät bereit, die Bestimmungen der Resolutionen des UN-Sicherheitsrates einzuhalten – als US-Truppen bereits kuwaitisches Gebiet betreten hatten. Obwohl es nicht möglich war, den Plan zur friedlichen Beilegung dieser Krise vollständig umzusetzen, war das Gesamtergebnis positiv. Amerikanische Truppen überquerten nicht die Grenze zum Irak, die Vereinigten Staaten entschlossen sich nicht zur Besetzung des Landes und zum »Regimewechsel«.

Ein fataler Fehler

Ganz anders verhielten sich die USA 2003 während der Zweiten Golfkrise. Dieser Krieg selbst war nicht unvermeidlich. Die Entscheidung, unter dem Vorwand der angeblichen Präsenz von Massenvernichtungswaffen in diesem Land Gewalt gegen den Irak anzuwenden, traf der US-Präsident nicht nur gegen die Tatsachen, sondern auch gegen die Meinung der überwiegenden Mehrheit der Länder der ganzen Welt, einschließlich der Verbündeten der USA. Und vor allem ohne die Zustimmung der Vereinten Nationen. Es war ein offensichtlicher Bruch des Völkerrechts.

Ich habe die US-Militäraktion von Beginn an als Fehler bezeichnet, und zwar als strategischen Fehler. Aber wir konnten uns damals noch gar nicht vorstellen, welches Ausmaß und welche Folgen dieser Fehler haben würde. Das wurde erst in den folgenden Jahren offenkundig. Zu diesen Folgen zählt die zunehmende Bedrohung durch den Terrorismus überall auf der Welt.

Natürlich hat diese Bedrohung auch schon ältere Ursachen. Und alle Länder, die auf ihre Weise für die Entstehung dieser Bedrohung verantwortlich sind, müssen ihre Verantwortung einräumen. Mit anderen Worten: Gib deine Fehler zu, und ziehe die richtigen Schlussfolgerungen.

Ein solcher Fehler war 1979 die Entscheidung der sowjetischen Führung, Truppen nach Afghanistan zu entsenden. Sie wurde von einer kleinen Gruppe ohne umfassende Analyse und gegen die Meinung von Experten und sogar der militärischen Führung getroffen. Nachdem wir uns diesen Fehler eingestanden hatten, beschlossen wir, die sowjetischen Truppen aus Afghanistan abzuziehen. Darüber hinaus verabschiedete der Kongress der Volksabgeordneten der UdSSR 1989 eine Resolution, die die Entscheidung, Truppen nach Afghanistan zu entsenden, politisch und moralisch verurteilte.

Als kürzlich ein Abgeordneter der russischen Staatsduma den Vorschlag machte, diese Resolution für ungültig zu erklären, habe ich mich entschieden gegen diese unmoralische »Initiative« ausgesprochen und die Führung des Landes aufgefordert, Stellung zu nehmen. Und obwohl der russische Präsident sich öffentlich dazu nicht geäußert hat, wurde über diesen Antrag nicht abgestimmt. Ich hoffe, das Thema ist damit erledigt.

Es muss jedoch daran erinnert werden, dass wir in den Gesprächen über Afghanistan in der zweiten Hälfte der achtziger Jahre den USA und anderen Ländern angeboten haben, gemeinsam eine politische Lösung zu befördern und dort eine Regierung der nationalen Versöhnung zu unterstützen.

Afghanistan brauchte dringend Hilfe, um die Wunden des Krieges zu heilen und die Spaltung der Gesellschaft zu überwinden. Dies konnte nur mit einer gemeinsamen Position aller führenden Mächte geschehen. Leider wollten unsere Verhandlungspartner, vor allem die USA und Pakistan, diesen Weg mit uns nicht gehen.

Sie hatten andere Pläne. Für sie war Afghanistan Teil eines großen Schachbretts, auf dem sie mit verschiedenen Figuren spielen würden, darunter auch mit Banditen und Terroristen.

Wie dieses Spiel ausging, ist bekannt. In den neunziger Jahren war Afghanistan vermutlich der wichtigste Nährboden für die terroristische Bedrohung. Und nicht zufällig wählte Al-Kaida-Chef Osama bin Laden in diesem Land sein Versteck. Am 11. September 2001 folgten die furchtbaren Anschläge auf das World Trade Center.

Zweiter Teil

Die globale Welt verstehen

Wem nützt die Globalisierung?

Kein zentrales Problem unserer modernen Welt ist zu verstehen, wenn wir es nicht im Kontext globaler Prozesse betrachten. »Wir leben in einer globalen Welt« – diesen Satz hören wir jetzt seit mehreren Jahrzehnten. Am Anfang dieses Buches habe ich geschrieben, dass wir diese globalisierte Welt noch nicht verstanden haben. Dieses mangelnde Verständnis – ob in Fragen der Politik, der Wirtschaft oder der Ökologie – wird immer gefährlicher.

Es war ein gewaltiger Impuls der Globalisierung, der den Kalten Krieg beendet hat. Nachdem wir – dank gemeinsamer Anstrengungen – dies geschafft hatten, entwarfen wir Pläne für eine neue Ordnung der Welt, um viele der globalen Probleme zu lösen.

Leider sind die Prozesse anders verlaufen, als wir es uns damals vorgestellt hatten. Die Globalisierung geschah auf eher spontane Art und Weise. Sie verschärfte viele der bestehenden Widersprüche und Konflikte. Gleichzeitig verstärkte sie die Ungleichheit in verschiedenen Regionen der Welt.

Die führenden Industrieländer und ihre multinationalen Konzerne nutzten die Globalisierungsprozesse, vor allem die offenen Märkte, für ihre eigenen Interessen. Große Länder wie China und Indien konnten sich erfolgreich an die globalen Prozesse anpassen. Dennoch gibt es in vielen Entwicklungsländern mehr Verlierer als Gewinner. Und deshalb betrachten viele die Globalisierung als eine neue Spielart des Kolonialismus.

Auch die am weitesten entwickelten Länder haben lange nicht alle profitiert von der Globalisierung in ihrer gegenwärtigen Form. Daher erleben wir heute eine Welle des Populismus in zahlreichen Ländern, den Aufstieg von Parteien oder Politikern, die die Stimmen der Unzufriedenen auf sich vereinigen können. Ja, oftmals sind es regelrechte Demagogen, die die Menschen täuschen. Dabei ist die Unzufriedenheit von Millionen Bürgern real, sie hat nachvollziehbare Gründe und bedeutet auch ein Versagen der bisherigen Politik.

Die Hoffnung, dass die Globalisierung, wie wir sie kennen, zu einer beschleunigten positiven Entwicklung und zur Überwindung von Problemen in einzelnen Ländern oder gar auf globaler Ebene führen würde, hat sich nicht erfüllt. So gibt es keine Lösung für das globale Problem der Armut. Obwohl es allen voran China und Indien gelang, viele Millionen Bürger aus der Armut zu befreien, bleibt sie doch für Hunderte von Millionen Menschen bittere Realität.

Die globale Welt zu verstehen ist eine Aufgabe von enormer Komplexität. Und ebenso, Antworten auf ihre Herausforderungen zu finden.

Nach dem Ende des Kalten Krieges haben Ökonomen und die Lenker großer Unternehmen den weltweiten Sieg des Kapitalismus ausgerufen. Präziser gesprochen den Triumph eines bestimmten Wirtschaftsmodells – des neoliberalen »freien Marktes«, bei dem der Staat viele seiner Verpflichtungen gegenüber den Bürgern aufgibt. Das Modell einer sozialen Marktwirtschaft, das es Europa ermöglichte, nach den Schrecken des Zweiten Weltkriegs buchstäblich aus der Asche wiederaufzusteigen, würde, so hieß es, von nun an Geschichte sein. Die neue Weltwirtschaft sollte auf einem so schlichten wie effektiven Programm basieren, dem »Washingtoner Konsens«, zusammengefasst also auf Wettbewerb, Deregulierung und Privatisierung.

Seitdem sind fast dreißig Jahre vergangen. Es ist längst Zeit für eine Bilanz. Das Urteil mag noch vorläufig sein, aber es ist mehr als ernüchternd. Auf der letzten Tagung des Weltwirtschaftsforums in Davos 2019 mussten die versammelten Politiker und Wirtschaftskapitäne dies selbst einräumen. Im Mittelpunkt der Debatten stand das Problem der globalen Ungleichheit.

Dabei müssen wir den Organisatoren des Forums dankbar sein, denn sie haben die Nichtregierungsorganisation Oxfam, die für ihre Forschung zur Entwicklung von Armut, Unterentwicklung und Ungleichheit bekannt ist, beauftragt, einen Bericht zu diesem Thema zu verfassen. Seine Ergebnisse gingen um die Welt: Seit der Finanzkrise von 2007/08 hat sich die Zahl der Dollar-Milliardäre weltweit verdoppelt, auf mehr als 2000. Das Einkommen der Milliardäre wuchs allein 2018 um 900 Milliarden Dollar – eine Steigerung von zweieinhalb Milliarden pro Tag! Und das Gesamtvermögen der 26 reichsten Menschen der Welt von 1,4 Billionen Dollar entspricht dem Einkommen von 3,8 Milliarden der weltweit ärmsten Einwohner. 738 Millionen Menschen leben heute in extremer Armut und haben ein Einkommen von weniger als fünfeinhalb Dollar pro Tag.

Es zeigt sich, dass diejenigen, die das meiste Kapital kontrollieren, zugleich auch am besten an die Globalisierung angepasst sind und den maximalen Nutzen daraus ziehen. Die mit ihnen verbundenen Finanzstrukturen produzieren permanent Seifenblasen und machen buchstäblich Geld aus dem Nichts. Ihr Prinzip ist, einfach gesagt, die Privatisierung von Gewinnen und die Vergemeinschaftung der Verluste.

Aber die Ungleichheit umfasst nicht nur das Geld, sondern auch die Lebensbedingungen vieler Menschen. Allen voran den Zugang zu medizinischer Versorgung und Bildung. Deshalb ist die Lebenserwartung der Armen im Durchschnitt zwanzig Jahre kürzer als die der Reichen. Weil sie kaum Chancen auf eine qualifizierte Ausbildung erhalten, gelingt es ihnen nicht leicht, der Armut zu entkommen. Ein Teufelskreis.

Auch der Lebensstandard der Mittelschicht – das Fundament von Wirtschaft und Demokratie – hat in den letzten Jahrzehnten stagniert. Amerikanische Forscher betrachten dies mit Sorge. Seit 1979 sind die Realeinkommen der Amerikaner, die normalerweise der Mittelschicht zugerechnet werden, nur um 28 Prozent gewachsen; die Realeinkommen der Reichen wuchsen im gleichen Zeitraum um 95 Prozent!

Wie kann das alles geschehen in einer Zeit enormer

Fortschritte in Wissenschaft, Technologie und Wirtschaft? Ein wichtiger Grund ist ein Steuersystem, das auf die Interessen der Reichen und vor allem der Reichsten zugeschnitten zu sein scheint. Von Jahr zu Jahr sinken die Spitzensteuersätze, die Reichen erhalten immer neue Steuervergünstigungen und -anreize vom Staat, ganz zu schweigen von der Tatsache, dass die Globalisierung ihnen immer neue Möglichkeiten bietet, ihr Geld vor den Steuerbehörden zu verstecken oder in Offshore-Zonen in Sicherheit zu bringen.

Eine bemerkenswerte Zahl: Durchschnittlich entfallen nur vier Cent pro Dollar der Steuereinnahmen des Staates auf die Reichen. Der Rest wird von normalen Bürgern bezahlt, einschließlich der Armen. In Großbritannien zum Beispiel wenden die ärmsten zehn Prozent der Bevölkerung einen höheren Anteil ihres Einkommens für die Steuer auf als die reichsten zehn Prozent.

Natürlich liegen die Steuerpolitik und die damit verbundene Gesetzgebung ganz und gar in den Händen eines jeden Landes, und sie können nicht durch »Richtlinien« bestimmt werden, die für alle Staaten verbindlich sind. Wir haben es hier aber mit einem globalen Trend zu tun, der sich in den letzten Jahrzehnten verschärft hat. Auf die eine oder andere Weise sind wir den Verlockungen der Ideologie eines »freien Marktes und eines Minimalstaates« noch nicht entkommen, die seit den Tagen von Ronald Reagan und Margaret Thatcher die Welt erobert hat. Ich denke, jetzt ist die richtige Zeit für Politiker, die diese Entwicklung umkehren wollen.

Zudem belasten Ungleichheit und soziale Ungerechtigkeit immer mehr die Wirtschaft selbst und bremsen das Wirtschaftswachstum. Viele Ökonomen und sogar Milliardäre wie Warren Buffet, Mark Zuckerberg und Steven Rockefeller sprechen und schreiben darüber.

Letztlich muss es darum gehen, das global vorherrschende ökonomische System einer möglichst zügellosen Marktwirtschaft mit ihrem Streben nach maximalen Profiten und maximalem Konsum zu erneuern. Dieses System produziert Krisen, soziale Ungerechtigkeiten und sogar die Gefahr einer ökologischen Katastrophe.

Das neue Modell, auf das wir evolutionär, aber doch zügig umstellen müssen, sollte auf einer Kombination aus marktwirtschaftlicher und privater Initiative beruhen, auf den Prinzipien der sozialen und ökologischen Verantwortung der Unternehmen und einer wirksamen staatlichen Regulierung.

Wir müssen die eigentlichen Ziele des Wirtschaftens überdenken. Der Konsum kann nicht nahezu alleiniger Impuls für Wachstum bleiben. Für die Wirtschaft sind neue Maßstäbe erforderlich – solche öffentlichen Güter wie eine nachhaltige Umwelt, die Gesundheit der Menschen im weitesten Sinne, Bildung, Kultur und sozialer Zusammenhalt, einschließlich der Überbrückung der Kluft zwischen Wohlstand und Armut.

Die Evolution des Staates

Die genannten Aufgaben zu lösen, ist ohne eine herausgehobene Rolle des Staates unmöglich. Nicht nur einzelner Staaten, sondern auch zwischenstaatlicher und internationaler Organisationen. Wir dürfen nicht darauf hoffen, dass der freie Markt und der freie Handel alles richten. Heute ist es an der Zeit, dass selbst die glühendsten Verfechter dieser Wirtschaftsweise der Realität in die Augen sehen und aufhören, die Rolle des Staates zu diffamieren.

Der Streit um das richtige Verhältnis zwischen dem öffentlichen und dem privaten Sektor wird wahrscheinlich nie aufhören. Dabei habe ich immer versucht, auf der Seite des gesunden Menschenverstands zu stehen. Ich halte es für falsch, den Staat mit der Bürokratie gleichzusetzen. Die Bürokratie muss den Menschen dienen, tut sie es nicht, muss sie kritisiert und kontrolliert werden können, aber dies sollte nicht zu einer Diskreditierung der Rolle des Staates durch seine Bürger führen. Wir in Russland erinnern uns, mit welchen Konsequenzen wir vor fast dreißig Jahren zu rechnen hatten: Der Zusammenbruch des Staates raubte damals Millionen Menschen ihre Arbeit, ihre Ersparnisse und ihre Lebensperspektiven, führte zu einem Aufblühen des organisierten Verbrechens, zu Korruption und zur Übernahme der Macht durch Oligarchen.

In verschiedenen Ländern gibt es historisch bedingt ein unterschiedliches Verhältnis von öffentlichem und privatem Eigentum, ein unterschiedliches Maß an staatlicher Regulierung. Ich habe Zweifel an »Empfehlungen« oder

Forderungen von Organisationen wie dem Internationalen Währungsfonds, der versucht, alle Länder über einen Kamm zu scheren. Die Erfahrung lehrt, dass Länder wie China und Malaysia, die solche Ratschläge zurückwiesen und ihre Wirtschaftspolitik selbst gestalteten, nur davon profitierten. Entscheidend ist, dass der Staat seinen Bürgern gegenüber verantwortlich und rechenschaftspflichtig sein muss. Am Ende wird nur ein solcher Staat das Vertrauen der Menschen erlangen.

Entwicklungsziele

Auf dem Millenniumsgipfel im September 2000 haben sich 189 Mitgliedsstaaten der Vereinten Nationen acht konkrete Ziele für die sozioökonomische Entwicklung gestellt: die Beseitigung von Armut und Hunger; die Gewährleistung einer universellen Grundschulbildung; Fortschritte in Richtung einer echten Gleichstellung der Geschlechter; Kampf gegen Kindersterblichkeit; Verbesserung der Gesundheit von Müttern; Bekämpfung von AIDS, Malaria und anderen Krankheiten; und ökologisch nachhaltiges Handeln.

In dem Dokument, das von hochrangigen Persönlichkeiten unterzeichnet wurde und den Namen »Millenniums-Entwicklungsziele« trägt, wurden die Verantwortlichkeiten der Regierungen und die partnerschaftlichen Rollen zwischen Industrie- und Entwicklungsländern geregelt. Wir haben uns damals darauf geeinigt, im Jahr 2015 Bilanz zu ziehen.

Die Zeit verging, und viele Beobachter, darunter auch ich, kritisierten immer wieder, dass die UN-Mitgliedsstaaten nicht genug getan hätten, um die verabschiedeten Ziele zu erreichen. Viele Industrieländer haben sich aus der Partnerschaft zurückgezogen, es wurden noch immer gewaltige Summen für Rüstung ausgegeben, und auch nicht alle Entwicklungsländer haben zielgerichtet genug gehandelt.

Dennoch steht fest, dass dieses UN-Projekt wichtige Ergebnisse gebracht hat.

Die Zahl der in extremer Armut lebenden Menschen hat sich in den letzten zwei Jahrzehnten mehr als halbiert. Ebenso der Anteil der unterernährten Menschen in Entwicklungsländern. Das Ziel, eine universelle Primärschulbildung anzubieten, ist fast erreicht: Heute gehen mehr als 90 Prozent der Kinder in Entwicklungsländern zur Schule. Im Kampf gegen AIDS, Malaria und Tuberkulose wurden Erfolge gefeiert. Die Kinder- und Müttersterblichkeit sowie die Zahl der Menschen ohne Zugang zu sauberem Trinkwasser haben sich um die Hälfte verringert.

Es gibt noch viel zu tun. Die erzielten Fortschritte sind nicht überall gleich. Hunderte Millionen Menschen leiden noch immer unter Armut, Krankheit und Benachteiligung. Die Tatsache, dass die gemeinsamen Anstrengungen von Staaten, internationalen Organisationen, Zivilgesellschaft, Wissenschaft und Wirtschaft erste Ergebnisse gebracht haben, ist jedoch nicht zu leugnen. So können wir uns gemeinsam noble Ziele setzen.

Die ökologische Herausforderung

Die großen Herausforderungen und Probleme der modernen Welt sind eng miteinander verflochten. Dabei stehen für mich zwei Bedrohungen im Zentrum. Beide könnten alle Bemühungen um menschenwürdiges Leben für heutige und zukünftige Generationen zunichtemachen. Da ist zum einen die Gefahr eines neuen verheerenden Krieges mit dem Einsatz von Massenvernichtungswaffen. Und zum anderen die einer weitreichenden Zerstörung unserer Lebensbedingungen als Folge der beschleunigten globalen Klimaerwärmung, die unleugbar vor allem menschengemacht ist.

Für mich ist der Schutz unserer Umwelt im Laufe der Jahre zu einem persönlichen wie fast alltäglichen Anliegen geworden. Ich war 1993 an der Gründung des Internationalen Grünen Kreuzes beteiligt – einer Umweltschutzorganisation, die engagierte Menschen in über 30 Ländern zusammenbringt. Doch schon früher beschlichen mich Sorgen, als ich mit eigenen Augen sah, wie die Natur den Menschen für seine unverantwortliche Haltung bestrafen kann.

Diese Sorge teilen heute Hunderte Millionen Menschen auf allen Kontinenten. Bezeichnend in diesem Zusammenhang ist auch der beeindruckende Erfolg der Grünen bei den Wahlen zum Europäischen Parlament im Mai 2019. Und im Frühjahr desselben Jahres sind Zehntausende junger Menschen auf allen Kontinenten mit einer klaren Botschaft auf die Straße gegangen: Es ist allerhöchste Zeit, Maßnahmen zu ergreifen, um unseren Planeten vor einer Klimakatastrophe zu bewahren! Diese jungen Menschen haben verstanden, was anscheinend viele Ältere nicht erkennen können: Es geht um das Überleben der Menschheit. Das Zeitfenster schließt sich, den Kampf gegen den Klimawandel aufzuschieben ist fast so gefährlich, wie dieses Problem einfach zu leugnen.

Globale Umweltbedrohungen sind die Kehrseite, die zwangsläufigen Folgen des bestehenden Wirtschaftssystems und der dadurch verursachten industriellen und technisch-wirtschaftlichen Entwicklungen. Diese Bedrohungen können nicht im nationalen Rahmen und oft nicht einmal auf Grundlage bestehender Formen der internationalen Zusammenarbeit beseitigt werden. Globale Risiken sind vor allem Ausdruck einer neuen Form globaler gegenseitiger Abhängigkeiten. Sie erfordern deshalb neue Formen internationaler Zusammenarbeit.

Laut dem »Global Risk Report«, der jährlich von Experten des Weltwirtschaftsforums in Davos verfasst wird, gehören der Klimawandel, die fehlenden koordinierten Anstrengungen der Staaten zum Schutz der Umwelt sowie die fehlenden Investitionen in die Infrastruktur zur Katastrophenverhütung ausnahmslos zu den Top Ten und sogar zu den Top Five der von den Experten prognostizierten Risiken für die Menschheit in den nächsten zehn Jahren. Extreme Wetterereignisse (Stürme, Fluten), fehlende Anpassung an den Klimawandel und Naturkatastrophen (Erdbeben, Tsunami, Vulkanausbrüche) rangieren erstmals ganz oben.

Wir pumpen aus den Tiefen, verarbeiten, verbrauchen und verschwenden riesige Mengen an Ressourcen unseres Planeten.

Dabei müsste jedem klar sein: Die Menschheit läuft in den kommenden Jahren ernsthaft Gefahr, dass die Ressourcen zu knapp werden, um die wachsende Weltbevölkerung zu versorgen. Während heute weltweit 700 Millionen Menschen hungern, erreicht etwa ein Drittel aller Lebensmittel – 1,3 Milliarden Tonnen pro Jahr – den Verbraucher nicht, verrottet und landet auf Mülldeponien und in Müllverbrennungsanlagen.

Im kürzlich neu veröffentlichten Weltagrarbericht (International Assessment of Agricultural Knowledge, Science and Technology for Development, IAASTD) warnen 400 Experten aus den UN-Mitgliedsstaaten: Unsere derzeitigen Methoden einer industriellen Agrarproduktion und unser Umgang mit Ressourcen unterlaufen die von der Natur geschaffenen Regulierungsmechanismen.

Prognosen zufolge wird die Nachfrage nach Lebensmitteln und Futtermitteln in den kommenden Jahrzehnten um 70 Prozent steigen. Aber bereits 60 Prozent der weltweit wichtigsten Ökosysteme, von denen diese Ressourcen abhängen, sind beschädigt oder werden geplündert. Seit 1970 hat die Menschheit 60 Prozent der Säugetiere, Vögel, Fische und Reptilien vernichtet, was eine Warnung der weltweit führenden Experten auslöste: Die Ausrottung wild lebender Tiere hat zu einer Notlage geführt, die unsere Zivilisation bedroht.

Aus dem UN-Bericht haben wir erfahren, dass diese Aussterberate verschiedener Tier- und Pflanzenarten in der Geschichte der Erde beispiellos ist: Sie liegt zehn- und hundertmal höher als die Durchschnittswerte der letzten zehn Millionen Jahre. Eine Million der auf der Erde vorkommenden Arten sind bedroht. Wissenschaftler sprechen von der Gefahr der »Zerstörung der Natur«. Der Mensch, warnen sie, untergräbt die Fähigkeit der Erde, Trinkwasser, saubere Luft und produktiven Boden zu erzeugen.

Infolge unserer ökonomischen Aktivitäten ist bereits die Hälfte der tropischen Regenwälder – die Lunge unserer Ökosysteme – verschwunden; bis 2030 blieben bei der aktuellen Ausbeutungsrate nur noch 10 Prozent übrig. Wir vergiften Seen und Flüsse in einem unglaublichen Tempo. Täglich werden 2 Millionen Tonnen Abwasser sowie Industrie- und Landwirtschaftsabfälle in das weltweite Wasserreservoir eingeleitet. Derzeit sind 80 Prozent der Flüsse der Welt in Gefahr.

Laut dem 2019 veröffentlichten »World Water Development Report« hat jeder dritte Einwohner der Welt keinen Zugang zu sauberem Trinkwasser, und sechs von zehn haben keinen Zugang zu sauberen sanitären und hygienischen Einrichtungen.

Luftverschmutzung und verseuchtes Wasser töten jährlich mehr Menschen als alle Kriege und Gewalttaten zusammen. Noch mehr als Rauchen, Hunger oder Naturkatastrophen. Noch mehr als AIDS, Tuberkulose und Malaria. Laut einer Studie, die letztes Jahr in der medizinischen Fachzeitschrift »Lancet« veröffentlicht wurde, sterben jedes Jahr weltweit mehr als 9 Millionen Menschen an Krankheiten, die mit den toxischen Auswirkungen der Umweltverschmutzung verbunden sind. Die mit vorzeitigen Todesfällen verbundenen jährlichen Verluste belaufen sich auf rund 4,6 Billionen Dollar pro Jahr, das entspricht 6,2 Prozent der Weltwirtschaft.

Globale Erwärmung

Die Weltorganisation für Meteorologie schlägt Alarm: Der Prozess der globalen Erwärmung beschleunigt sich, die zunehmende Konzentration von Treibhausgasen führt zu einem Anstieg der globalen Temperatur auf ein immer gefährlicheres Niveau. Wissenschaftler haben einen Rekordanstieg des Meeresspiegels und in den letzten vier Jahren hohe Temperaturen an Land und auf dem Meer verzeichnet. Dieser Erwärmungstrend ist seit Beginn des Jahrhunderts zu beobachten und wird sich voraussichtlich fortsetzen.

Nach den neuesten Daten liegt die Kohlendioxidkonzentration in der Atmosphäre in den letzten 70 Jahren um 150 Prozent über dem Niveau des vorindustriellen Zeitalters. Eine ähnliche Konzentration von Treibhausgasen wurde vor etwa drei bis fünf Millionen Jahren beobachtet, als die Temperatur zwei bis drei Grad höher war als jetzt und der durchschnittliche Meeresspiegel 10 bis 15 Meter über dem heutigen Wert lag.

Es besteht kein Zweifel, dass der Temperaturanstieg in Kombination mit dem Bevölkerungswachstum die Wahrscheinlichkeit von Konflikten stark erhöhen sowie die Sicherheit und die Stabilität gefährden wird. Für die Weltwirtschaft entsteht ein gewaltiger Schaden. Wissenschaftler der Stanford University haben berechnet, dass das globale BIP nur um 15 Prozent sinken wird, wenn die Länder der Welt sich an den Rahmen des Pariser Klimaabkommens halten (was bereits unwahrscheinlich erscheint) und infolgedessen die Lufttemperatur in einem Umfang von bis zu 2,5 Grad ansteigt. Wenn die Temperatur um 3 Grad Celsius steigt, sinkt das globale BIP um 25 Prozent. Wenn nichts unternommen wird und bis 2100 die Temperatur um 4 Grad Celsius steigt, wird das globale BIP im Vergleich zu 2010 um mehr als 30 Prozent sinken.

Das Gerede, wonach Bemühungen, unseren Planeten vor der Klimakatastrophe zu retten, angeblich die Wirtschaft schädigen, wird vom Leben selbst widerlegt.

Wir haben noch zwölf Jahre Zeit, um etwas zu ändern. Zu diesem Schluss kommen Wissenschaftler des Weltklimarates (IPCC). Um die verheerendsten Auswirkungen des Klimawandels zu vermeiden, muss die Welt ihre Kohlendioxidemissionen bis 2030 um 45 Prozent senken und die Verwendung von Kohlenwasserstoffen bis 2050 vollständig einstellen.

Dieses Ziel ist wirklich ehrgeizig. Um dies zu erreichen, sind revolutionäre Veränderungen bei der Nutzung natürlicher Ressourcen, grundlegende Veränderungen in den Bereichen Energie, Industrie, Landwirtschaft, Fischerei und Verkehr sowie im Verhalten von Erzeugern und Verbrauchern erforderlich. Aber es gibt keinen anderen Weg. Das bestehende Modell ist nicht tragfähig. Es erzeugt ständig Krisen, soziale Ungerechtigkeiten und die wachsende Gefahr einer Umweltkatastrophe.

Fairerweise muss ich sagen, dass es einige ermutigende Trends gegeben hat. Die Europäische Union unterstützte den Vorschlag, keine neuen Handelsgeschäfte mit Ländern abzuschließen, die das Pariser Abkommen nicht unterzeichnet haben. In Frankreich werden bis 2021 alle Kohlekraftwerke geschlossen. Indien hat kürzlich Pläne zum Bau solcher Kraftwerke aufgegeben. Und in China sind 500 Automodelle verboten, die einen ineffizienten Kraftstoffverbrauch aufweisen.

Neue Technologien und technische Lösungen liefern bereits Energie zu niedrigeren Preisen als fossile Energieträger. In ökonomisch führenden Ländern werden Solar- und Windenergie zu den billigsten Energiequellen.

Bereits heute haben sich 55 Länder, 140 der größten Unternehmen und Hunderte von Städten verpflichtet, vollständig auf erneuerbare Energien umzustellen.

Laut Experten wird die Weltwirtschaft bis 2030 einen Profit in Höhe von 26 Billionen US-Dollar machen, wenn Staaten und große Unternehmen mehr in saubere Energie investieren. Wenn das Investitionsvolumen erhöht wird, können bis 2030 rund 65 Millionen neue Arbeitsplätze geschaffen werden.

Im Kampf gegen die Klimakatastrophe sind wir nicht hilflos. Es gibt Ideen, es gibt Lösungen, es gibt technische und finanzielle Möglichkeiten. Die Umsetzung eines neuen ökologischen und politischen Denkens, so schwierig es auch sein mag, kann uns in eine Welt führen, die viel stabiler, sicherer, erfolgreicher und gerechter ist als die Welt, in der wir heute leben.

Die Erd-Charta

Um eine Umweltherausforderung zu meistern, kommt es vor allem darauf an, die Haltung der Menschen zu ändern, von Politikern, Geschäftsleuten, normalen Bürgern. Dies war das Ziel der Initiative des Internationalen Grünen Kreuzes und des Rates der Erde unter der Leitung von Maurice Strong, einem bekannten kanadischen Politiker. 1994 haben wir einen umfassenden internationalen Konsultationsprozess zur Entwicklung der Erd-Charta eingeleitet.

Die internationale Kommission hat drei Jahre lang gearbeitet, um die Grundprinzipien dieses Dokuments zu formulieren. Mehr als einhunderttausend Menschen in einundfünfzig Ländern der Welt beteiligten sich an seiner Entstehung.

Die Grundidee der Erd-Charta lässt sich mit einem Satz zusammenfassen: »Um die Menschheit und alle zukünftigen Generationen von Menschen zu retten, müssen wir die Erde retten.«

Die 16 Grundprinzipien der Charta betreffen den Umweltschutz, die Rechte des Einzelnen, die Beseitigung der Armut, die Gleichstellung der Geschlechter und die Pflege einer Kultur des Friedens. Wie Sie sehen, sind wir in der Erd-Charta über reine Umweltfragen hinausgegangen, aber es gab gute Gründe dafür: Alle Projektteilnehmer kamen einstimmig zu dem Schluss, dass diese Prinzipien miteinander zusammenhängen.

Hier möchte ich sie in voller Länge zitieren:

I. Achtung vor dem Leben und Sorge für die Gemeinschaft des Lebens

1. Achtung haben vor der Erde und dem Leben in seiner ganzen Vielfalt.

2. Für die Gemeinschaft des Lebens in Verständnis, Mitgefühl und Liebe sorgen.

3. Gerechte, partizipatorische, nachhaltige und friedliche demokratische Gesellschaften aufbauen.

4. Die Fülle und Schönheit der Erde für heutige und zukünftige Generationen sichern.

II. Ökologische Ganzheit

5. Die Ganzheit der Ökosysteme der Erde schützen und wiederherstellen, vor allem die biologische Vielfalt und die natürlichen Prozesse, die das Leben erhalten.

6. Schäden vermeiden, bevor sie entstehen, ist die beste Umweltschutzpolitik. Bei begrenztem Wissen gilt es, das Vorsorgeprinzip anzuwenden.

7. Produktion, Konsum und Reproduktion so gestalten, dass sie die Erneuerungskräfte der Erde, die Menschenrechte und das Gemeinwohl sichern.

8. Das Studium ökologischer Nachhaltigkeit vorantreiben und den offenen Austausch der erworbenen Erkenntnisse und deren weltweite Anwendung fördern.

III. Soziale und wirtschaftliche Gerechtigkeit

9. Armut beseitigen als ethisches, soziales und öko-
   logisches Gebot.

10. Sicherstellen, dass wirtschaftliche Tätigkeiten und Ein-
    richtungen auf allen Ebenen die gerechte und nach-
    haltige Entwicklung voranbringen.

11. Die Gleichberechtigung der Geschlechter als Voraus-
    setzung für nachhaltige Entwicklung bejahen und den
    universellen Zugang zu Bildung, Gesundheitswesen und
    Wirtschaftsmöglichkeiten gewährleisten.

12. Am Recht aller – ohne Ausnahme – auf eine natürliche
    und soziale Umwelt festhalten, welche Menschenwürde,
    körperliche Gesundheit und spirituelles Wohlergehen
    unterstützt. Besondere Aufmerksamkeit gilt dabei den
    Rechten von indigenen Völkern und Minderheiten.

IV. Demokratie, Gewaltfreiheit und Frieden

13. Demokratische Einrichtungen auf allen Ebenen stärken,
    für Transparenz und Rechenschaftspflicht bei der Aus-
    übung von Macht sorgen, einschließlich Mitbestimmung
    und rechtlichem Gehör.

14. In die formale Bildung und in das lebenslange Lernen
    das Wissen, die Werte und Fähigkeiten integrieren, die
    für eine nachhaltige Lebensweise nötig sind.

15. Alle Lebewesen rücksichtsvoll und mit Achtung
    behandeln.

16. Eine Kultur der Toleranz, der Gewaltlosigkeit und des
    Friedens fördern.

Dieses Dokument, das der Menschheit grundlegende Prinzipien einer umweltverträglichen Entwicklung bietet und gleichzeitig ein wunderbares Lehrbuch für eine neue Ethik ist, wurde am 12. März 2000 in Paris erstmals veröffentlicht.

Natürlich machten wir uns damals Gedanken darüber, wie das Manifest, in dessen Entwicklung wir unsere ganze Kraft investiert haben, umgesetzt werden könnte. Und sehr bald wussten wir: Die Erd-Charta hat die Menschen erreicht, hat begonnen, ihre Wirkung zu entfalten. Sie wurde offiziell von Tausenden von Organisationen unterstützt, darunter die UNESCO, die World Conservation Union, die Konferenz der Bürgermeister der USA, nationale und internationale Universitätsverbände, Hunderte von Städten in Dutzenden von Ländern.

So hat etwa die UNESCO eine Resolution verabschiedet: Sie enthält die Anerkennung der Erd-Charta als wichtiges ethisches Rahmendokument für nachhaltige Entwicklung und Anerkennung ihrer ethischen Grundsätze, Ziele und Inhalte; sie empfiehlt die Nutzung der Erd-Charta als Bildungsinstrument.

In der russischen Republik Tatarstan stießen die Ideen der Erd-Charta auf Unterstützung aller Regierungszweige. Tatarstan war die erste Region der Welt, in der die Erd-Charta praktische Anwendung fand.

Unser Dokument richtet sich in erster Linie an die Zivilgesellschaft. Ich bin stolz, an seiner Entwicklung mitgewirkt zu haben. Wir danken der niederländischen Königin Beatrix und dem ehemaligen Ministerpräsidenten Ruud Lubbers für die politische Unterstützung, Maurice Strong,

Steven Rockefeller, der die Redaktionskommission leitete, und allen ihren Mitgliedern.

Ich glaube, dass die Charta der Menschheit ethische und moralische Richtlinien vorgibt, die im neuen Jahrtausend dringend notwendig sind.

Neue Bedrohungen

Ethische Richtlinien sind für die Wissenschaft von immer größerer Bedeutung. Respekt für die Wissenschaft, für Wissenschaftler war für mich immer eine Verpflichtung. Die Geschwindigkeit, mit der die wissenschaftlichen Erkenntnisse im 20. Jahrhundert wuchsen, war beispiellos. Ich war von einer Zahl besonders beeindruckt: Über 90 Prozent der wissenschaftlichen Informationen auf dem Gebiet der Physik, Chemie, Biologie und der wissenschaftlichen Ideen zur Struktur der Welt waren das Ergebnis von Forschungen, die in den letzten anderthalb Jahrhunderten durchgeführt wurden. In moderne Technologien umgesetzt, hat die Wissenschaft das menschliche Leben massiv verändert.

Aber das zwanzigste Jahrhundert erlebte die Schattenseiten des wissenschaftlichen und technologischen Fortschritts. Ein klassisches Beispiel ist die Arbeit des deutschen Wissenschaftlers Fritz Haber, der den Nobelpreis für Chemie erhielt. Das Ergebnis seiner Forschung war die Produktion chemischer Düngemittel – und die Erfindung chemischer Waffen, von denen die Menschheit noch immer nicht vollständig befreit ist.

Mit dem Aufkommen der Atomraketen-Ära verschärfte sich das Problem, die Bedrohung nahm zu und wurde zu einer zentralen Frage des menschlichen Überlebens. Der in diesen Jahren beschleunigte wissenschaftliche und technologische Fortschritt wurde in den Dienst des militärisch-industriellen Komplexes gestellt. Wirtschaft und Gewerbe waren stark von militärischen Aufträgen abhängig. Natürlich wanderten einige der Errungenschaften von Wissenschaft und Technologie vom Militär in den zivilen Bereich, aber eine solche »Drogenabhängigkeit« führt nicht nur zur Abzweigung von riesigen Geldern, sondern birgt auch eine tödliche Gefahr.

Obwohl in den achtziger und neunziger Jahren das Wettrüsten um Atomwaffen gestoppt wurde, bleiben die mit dem militärischen Einsatz der neuesten Technologien verbundenen Gefahren bestehen.

Militärtechnische Rivalität erfasst nun neue Bereiche, sprengt den bisherigen restriktiven Rahmen. Die Entwicklung von Wissenschaft und Technologie schafft neue Bedrohungen für den Planeten und den Menschen. Ja, Wissen ist Macht. Aber das birgt ein Risiko. In einer globalen, sich schnell verändernden Welt können wissenschaftliche Durchbrüche gefährlich werden, wenn die Weltgemeinschaft nicht lernt, dieses Risiko einzuschätzen und zu kontrollieren.

Zu den Technologien des 21. Jahrhunderts zählen künstliche Intelligenz, Robotik, Nanotechnologien, Gentechnik, Klonen, Experimente mit virtueller Realität und andere vielversprechende Bereiche. Wie die allermeisten Menschen kann auch ich nicht genau wissen, was in jedem dieser Bereiche vonstattengeht. Aber wir können sicher sein, dass eine Menge Überraschendes und Unvorhergesehenes passieren wird. Ich sehe die Gefahr, dass neue Technologien und das Wissen darüber in den Händen relativ kleiner Gruppen liegen. Wo ist die Garantie, dass diese Menschen immer in kluger Voraussicht und moralisch richtig handeln werden?

Kürzlich ging diese Nachricht um die Welt: Ein chinesischer Wissenschaftler kündigte auf einem internationalen Kongress die Geburt des ersten genetisch manipulierten Babys an. Sein Genom wurde angeblich so verändert, dass die Kinder eine angeborene Immunität gegen AIDS hätten. Es besteht also die Aussicht auf eine bewusste »genetische Programmierung«, auf »Kinder nach Maß« und ähnliche Wunder.

Die Hauptfrage in diesem Zusammenhang ist nicht naturwissenschaftlich, sondern ethisch: Dürfen wir es zulassen, dass ein Mensch in den genetischen Code seiner eigenen Art eingreift? Schließlich sind auch die Folgen des großflächigen Einsatzes gentechnisch manipulierter Pflanzen bis heute nicht völlig geklärt. Die Forderung, die Forschung auf dem Gebiet der Gentechnik zu kontrollieren, entspringt keiner diffusen Zukunftsangst, sondern vernünftiger Sorgfalt im Umgang mit wissenschaftlichen Entwicklungen, deren Folgen für die Menschheit nicht absehbar sind.

Kaum geringere Risiken sind möglicherweise mit den neuen Forschungen auf dem Gebiet der künstlichen Intelligenz, der Robotik, verbunden. Vor einigen Jahrzehnten hat der amerikanische Schriftsteller Isaac Asimov in seinen Romanen das Problem der Beziehungen zwischen Menschen und den von ihnen geschaffenen Robotern aufgeworfen. Seine Warnungen sind heute vielleicht aktueller als in jenen Jahren, als er seine Werke im Science-Fiction-Genre schrieb.

Es geht um die Beherrschung der Technik. Der Mensch darf nicht zulassen, dass ihm solch komplexe und potenziell gefährliche Prozesse entgleiten. Entscheidungen über die Verwendung einer bestimmten wissenschaftlichen Entdeckung zu treffen, ist eine gesamtgesellschaftliche Aufgabe. Fragen im Zusammenhang mit dem Einsatz neuer Technologien sind sozioökonomischer und letztlich politischer Natur.

Aus Sorge um die nachfolgenden Generationen stehen wir heute vor der Frage, welche Mechanismen auf nationaler und internationaler Ebene installiert werden müssen, damit die unendlichen Möglichkeiten des menschlichen Geistes die Zukunft der Menschheit nicht gefährden.

Dritter Teil

Ideen und Politik

Die Welle des Populismus und der Niedergang der Demokratie

Auf die Welt des 21. Jahrhunderts ist eine ganze Lawine von Problemen niedergegangen. Wir müssen uns offen eingestehen, dass wir auf deren Lösung schlecht vorbereitet waren. Wir, damit meine ich die maßgeblichen Politiker ebenso wie die Parteien, aber auch die Gesellschaft als Ganzes. Aber die Menschen wollen Taten sehen, und sie haben ein Instrument, um dieser Forderung Nachdruck zu verleihen und von der Politik Antworten auf die ungelösten Fragen zu verlangen. Dieses Instrument – praktisch das einzige, über das sie verfügen – ist die Stimmabgabe bei den Wahlen.

Demonstrationen, Straßenproteste, Streiks – all das ist im Rahmen der geltenden Gesetze legitim, das letzte Wort jedoch haben die Wähler. Und sie stimmen seit zehn, fünfzehn Jahren zunehmend anders ab, als die traditionellen politischen Parteien, die einander an der Regierung viele Jahrzehnte lang abgewechselt haben, es erwarten. Heute kommen immer häufiger Politiker und Parteien an die Macht, die man gemeinhin »Populisten« nennt.

Die Parteien, die das politische Spektrum in der nun vergangenen Epoche repräsentierten, orientierten sich an Ideologien, deren Wurzeln ins 19. Jahrhundert reichen.

Die wichtigsten waren die liberale, die konservative und die sozialdemokratische. Heute stellt sich heraus, dass diese Ideologien weder für sich allein noch gemeinsam eine Antwort auf die Herausforderungen des neuen Jahrtausends haben. Erleben wir deshalb den Niedergang oder gar das Ende dieser Ideologien?

Bevor ich darauf eine Antwort zu geben versuche, möchte ich auf das Thema Populismus zurückkommen. Wer gibt den Populisten seine Stimme? In der überwiegenden Mehrheit ganz normale Menschen, die sich um die Zukunft ihres Landes, ihrer Familien, ihrer Kinder sorgen. Es sind Globalisierungsverlierer, die sich früher zur Mittelschicht zählten und jetzt miterleben müssen, wie ihr Lebensstandard stetig sinkt.

Die Statistiken zeigen, dass in den vergangenen Jahrzehnten die Realeinkommen der Mittelschicht in den meisten Industriestaaten keineswegs gestiegen, sondern geschrumpft sind. Und das trotz der enormen wissenschaftlichen Erfolge, der neuen Technologien, der Digitalisierung aller Lebensbereiche. Man sollte meinen, all diese Errungenschaften hätten ungeahnte Perspektiven für die menschliche Zivilisation ebenso wie für jeden Einzelnen eröffnen müssen. Doch so ist es nicht.

Kann es da verwundern, dass sich die Wähler gegen die traditionellen Parteien entscheiden und für jene stimmen, die diese Parteien gnadenlos kritisieren und versichern, »für Ordnung zu sorgen« und »den Sumpf trockenzulegen«? Oft sind das leere Versprechungen, die jeder Grundlage entbehren. Mehr noch, sie führen nicht zu einer Verbesserung der Lebensumstände derer, die infolge der Umbrüche der vergangenen Jahrzehnte auf der Verliererseite gelandet sind, sondern im Gegenteil dazu, dass die Reichen immer reicher werden.

Aber ich kann diejenigen, die für politische Demagogen stimmen, nicht einfach nur verurteilen. Es gehört von jeher zur Natur des Menschen, in der Politik vermeintlichen Heilsbringern zu folgen. Außerdem sehen die Menschen offenbar keine andere Möglichkeit, dem politischen System und seinen Repräsentanten zu signalisieren, dass sich etwas ändern muss.

Das sind meine Gedanken, wenn ich im Fernsehen die Gesichter derer sehe, die ihre Stimme Populisten und Demagogen gegeben haben. Ihnen ist nichts vorzuwerfen. Ob die von ihnen gewählten Volksvertreter Antworten auf die aktuellen Probleme und Herausforderungen finden werden, steht auf einem anderen Blatt. Ich vermute, es wird herbe Enttäuschungen geben. In der Politik gibt es keine einfachen Antworten – und keine Allheilmittel.

Wir brauchen neue Ideen

Heute sind alle politischen Kräfte auf der Suche nach neuen Konzepten, nach innovativen, zukunftsfähigen Ideen. Dennoch warne ich davor, die Ideologien, die wir aus der Vergangenheit geerbt haben, vorschnell für tot zu erklären. Es sind mächtige geistige Strömungen, deren Potenzial noch lange nicht erschöpft ist.

In ihrer heutigen Form haben Christdemokratie und

Sozialdemokratie, Konservatismus und Liberalismus vieles gemeinsam. Insbesondere setzen sie alle auf die Werte der Demokratie, auf die Menschenrechte, auf den Rechtsstaat. Aber sie schlagen unterschiedliche Lösungen für die konkreten Probleme vor, die unsere Gesellschaften bewegen: Wie lässt sich die Sicherheit der Menschen und des Staates garantieren? Was muss getan werden, damit die Menschen auch in Zukunft in einer gesunden Umwelt leben? Welche Maßnahmen sind geeignet, Armut, soziale Gräben und Ungleichheit zu überwinden? Wie ist das Problem der Migration zu lösen, der kulturellen Unterschiede, und wie schafft man Frieden und Verständigung zwischen den Religionen?

Niemand kennt letztgültige Antworten auf all diese Fragen. Es kann sie gar nicht geben. Die Welt befindet sich in ständigem Wandel – was heute einer Mehrheit als befriedigende Lösung erscheint, kann sich schon morgen als unzureichend oder überholt erweisen.

Ich habe einen langen Lebensweg hinter mir, habe am Kampf der unterschiedlichen Ideen teilgenommen, meine eigenen vertreten und sie mit der Wirklichkeit abgeglichen. Dabei bin ich zu der Überzeugung gelangt, dass die verschiedenen ideologischen und politischen Ideen auf ihre je eigene Weise den menschlichen Geist bereichern und zum Fortschritt der Menschheit beigetragen haben. Ich war stets bereit zum Dialog mit Vertretern des konservativen Lagers oder entschiedenen Verfechtern eines freien Marktes.

Aber ich will nicht verhehlen, dass mir die Ideen der

Sozialdemokratie am nächsten sind. Ich halte sie noch immer für zukunftsträchtig und bin überzeugt, sie können das gedankliche Fundament für eine zukünftige Gesellschaftsordnung bereiten helfen. Natürlich werden bei deren Aufbau auch die anderen politischen Richtungen ihren Beitrag leisten, jeder soll seine Überzeugungen, seine Prinzipien einbringen. Für mich allerdings ist die Idee der Sozialdemokratie schon seit vielen Jahren mein Leitstern.

Sozialdemokratie – gestern und heute

Die Sozialdemokratie entstand auf dem linken Flügel des politischen Spektrums und spaltete sich im 20. Jahrhundert in verschiedene Richtungen auf. In Russland haben die Bolschewisten alle Entwicklungslinien außer der eigenen, extremen, kommunistischen gekappt. Sie schlugen den Weg einer Verstaatlichung der Wirtschaft ein, des ideologischen Monopolismus, eines Einparteiensystems. Das führte zur Entstehung eines totalitären Staates, der weit entfernt war von den Idealen der Freiheit und Demokratie.

Wir sind selbst zu der Erkenntnis gelangt, dass wir diesen Weg verlassen mussten. Aber wir dürfen nicht vergessen, dass Millionen Menschen in unserem Land an den Sozialismus und seine Ideale geglaubt haben, genauso wie an eine gerechte Gesellschaft. Auch ich habe daran geglaubt – und glaube weiterhin daran, jetzt in seiner zeitgemäßen, sozialdemokratischen Lesart.

Ich wurde 1950 Mitglied der Kommunistischen Partei der Sowjetunion, nachdem ich mich mit meinem Vater und Großvater dazu beraten hatte. Mein Großvater war ein alter Kommunist, mein Vater trat der Partei während des Krieges an der Front bei. Niemals würde ich die aufrichtigen Überzeugungen und die selbstlose Arbeit dieser Generationen verleugnen. Doch das Leben ist in ständiger Veränderung begriffen, und es hat uns zu der Erkenntnis gebracht, dass Russland ein sozialdemokratisches Projekt braucht. Ja, die ganze Welt braucht die Sozialdemokratie – ohne sie wäre der politische und demokratische Prozess unvollständig.

Heute ist die Lage für die Sozialdemokratie und die linken Kräfte in Europa und der ganzen Welt alles andere als günstig. Der »Rechtsruck« setzt sich fort. Die radikale Rechte, die nationalistischen Parteien werden stärker, während die Sozialdemokraten Stimmen verlieren.

Der Aufschwung der rechtsnationalen Kräfte nimmt immer mehr den Charakter einer gesamteuropäischen, gar transatlantischen Bewegung an. Sie verfügt über ideologisch geschulte Köpfe, massive finanzielle Unterstützung und Rückhalt in den Massenmedien.

Die Enttäuschung vieler Wähler über das politische Establishment hat die linken Parteien besonders hart getroffen. Und die traditionellen Parteien müssen immer öfter Koalitionen mit rechtsradikalen Kräften eingehen.

Diese Entwicklung, die sich in letzter Zeit verstärkt hat, ist allerdings nicht neu. Und die Ursachen waren früh zu erkennen. Schon im September 1992 habe ich auf dem Kongress der Sozialistischen Internationale gesagt: »Die heutige, fast überall zu beobachtende Schwächung der Linken ist nicht im Interesse der Demokratie. Die Stärkung der rechtsradikalen, nationalistischen und fundamentalistischen Strömungen sollte uns eine Warnung sein, welche Kräfte das politische Vakuum ausfüllen könnten, das durch das Zurückweichen der linken Kräfte entsteht.«

Die Konsequenz all dessen kann eine neue Form des Autoritarismus sein, der sich mehr oder weniger geschmeidig gibt, dafür jedoch in globalem Maßstab operiert. Die europäische Sozialdemokratie hat diese Entwicklung lange unterschätzt und bis heute keine überzeugende Antwort darauf gefunden.

Vorwärts in einer sich wandelnden Welt

Mit Freunden und Gleichgesinnten muss man offen reden. Und ich möchte sagen, dass sich die Sozialdemokraten in den vergangenen Jahrzehnten von den Wellen des Monetarismus, des Wirtschaftsliberalismus und der Globalisierung haben treiben lassen, ohne sie je grundsätzlich in Frage zu stellen. Bestenfalls versuchte man, die schlimmsten Folgen abzumildern. Auf der Tagesordnung der linken Gruppierungen ganz oben standen die Diskussion wichtiger Probleme, etwa die Lage der Frauen, der Minderheiten, der Migranten, und andere, eher soziokulturelle Fragen. Natürlich sind das wichtige Themen, doch vieles wurde ausgeblendet, vor allem die Probleme und Sorgen der Arbeiter, der Mittelschicht, der einfachen Leute, die ihre Arbeitsplätze bedroht sahen und nicht selten ihren Lebensunterhalt verloren haben.

Zudem haben nichtsozialistische europäische Parteien wie die CDU in Deutschland genuin sozialdemokratische Werte wie Solidarität, (Chancen-)Gleichheit und soziale Gerechtigkeit in ihre Programme aufgenommen. Ob der Sozialdemokratie unter solchen Bedingungen der Spielraum für die Weiterentwicklung ihrer inhaltlichen und politischen Perspektiven fehlte, sei dahingestellt. Jedenfalls hat das Pendel sich nach rechts bewegt.

Jetzt allerdings ist der Moment gekommen, in dem es wieder umzuschlagen scheint. Die Vorzeichen sind – für manche überraschend – kaum zu übersehen: In den USA etwa vertreten zum ersten Mal seit vielen Jahren mehrere Kandidaten im Vorfeld des Präsidentschaftswahlkampfs offen Positionen des demokratischen Sozialismus. Es wird einmal mehr über ein staatliches Gesundheitssystem debattiert, das auf sozialistischen Werten beruht, oder über einen »Green New Deal«, der die Ziele der ökologischen Bewegung mit der aktiven Rolle des Staates im Geiste von Roosevelts New Deal verbindet.

In Frankreich haben die nationalistischen Kräfte um Marine Le Pen im zweiten Wahlgang der Präsidentschaftswahlen eine Niederlage erlitten; in Spanien kam eine Koalition unter Führung von Pedro Sánchez von der sozialdemokratischen Arbeiterpartei an die Macht; und in Großbritannien kann die deutlich nach links gerückte Labour Party immer noch eine starke Position behaupten.

Brauchen also die Linken, die Sozialisten und Sozialde-mokraten, nur zu warten, bis das Pendel der Geschichte sie an die Macht zurückbringt? Nein, abzuwarten wäre ein großer Fehler.

Heute ist es mehr denn je notwendig, nach einer neuen intellektuellen und politischen Basis für die linke Bewe-gung zu suchen. Die Gesellschaften verändern sich überall schnell und unwiderruflich. Auch die Sozialdemokratie muss sich verändern, um vorwärtszukommen. Dabei dür-fen allerdings die linken und sozialdemokratischen Werte nicht verwässert oder gar geopfert werden. Denn man darf die einfachen Bürger nicht enttäuschen, denen der Kampf der Sozialdemokraten gelten sollte, die Arbeiter, die Mittelschicht – also die Mehrheit der Bevölkerung. Es sollte nicht nur ein Kampf um ihre Stimmen sein, sondern vor allem ein Kampf dafür, dass sie ein menschenwürdiges Leben führen können.

Sind Politik und Moral vereinbar?

Die Sozialdemokraten müssen eine Führungsrolle bei der Lösung der wohl drängendsten Aufgabe übernehmen, die in der gegenwärtigen Phase der Entwicklung der Menschheit ansteht – Politik und Moral zu vereinen. Diese Aufgabe ist außerordentlich schwierig und sie duldet keinen Aufschub.

In den letzten Jahren gab es zahllose Beispiele für Unmoral und Korruption. Überall auf der Welt haben Politiker, selbst Staats- und Regierungschefs, sich über die elementarsten ethischen Normen hinweggesetzt. Wie konnte es dazu kommen? Die Gerichte, die Politiker und Beamte wegen solcher Vergehen verurteilt haben, können darauf keine Antwort geben. Das ist vielmehr die Aufgabe der Gesellschaft.

Etwas stimmt nicht mit der politischen Kultur, mit dem Denken der politischen Klasse. Zynismus, der Kampf um Stimmen um jeden Preis, das Ködern der Wähler mit so wohlklingenden wie unerfüllbaren Versprechen ist geradezu die Regel geworden. Von hier ist der Weg nicht weit zu Korruption und kriminellem Handeln.

Je mehr dies um sich greift, desto tiefer setzt sich im Bewusstsein der Menschen der Gedanke fest, dass Politik ihrem Wesen nach ein schmutziges, ein unmoralisches

Geschäft sei. Dem möchte ich entschieden widerspre-
chen.

In den Jahren der Perestroika haben wir uns das Ziel
gesetzt, die Kluft zwischen Politik und Moral zu überbrü-
cken. Die Idee selbst war nicht neu, aber wir haben versucht, sie auf der Ebene der Partei und des Staates in die
Praxis umzusetzen. Das wichtigste Instrument dabei war
für uns Glasnost

Heute braucht nicht nur unser Land, sondern die ganze
Welt Glasnost – transparentes Regierungshandeln, eine
echte Rechenschaftspflicht der Mächtigen gegenüber dem
Volk, Freiheit und Verantwortungsbewusstsein bei den
Massenmedien. Die Wähler werden denjenigen Politikern
ihr Vertrauen schenken, die ihnen ernstzunehmende, realistische Programme vorlegen und wirksame Mechanismen aufzeigen, um Ehrlichkeit und Unbestechlichkeit der
Regierenden zu garantieren.

Genauso wichtig ist der moralische Aspekt in der Außenpolitik. In den letzten Jahrzehnten haben wir auch hier
viele Beispiele für Zynismus und Unmoral erleben müssen. Ganze Länder wurden unmoralischen Experimenten
unterzogen, sei es um der »Förderung der Demokratie«
willen, sei es unter dem Vorwand, sie besäßen Massenvernichtungswaffen, oder weil angeblich unterdrückte nationale Minderheiten Schutz bedurften. Man hat ignoriert,
dass solche Probleme, sofern es sie wirklich gab, auch mit
friedlichen, politischen Mitteln zu lösen sind, man hat das
Völkerrecht ignoriert – und die Moral.

Um die haarsträubendsten Verletzungen des Völkerrechts zu rechtfertigen, wird oft argumentiert, es enthalte Widersprüche, etwa zwischen dem Selbstbestimmungsrecht der Völker und dem Recht der Staaten auf territoriale Integrität. Ich kann hier keinen Widerspruch erkennen, solange sich der Prozess der Selbstbestimmung im Rahmen der jeweils gültigen Verfassung vollzieht. Vor allem aber darf man nie eines der Schlüsselprinzipien des Völkerrechts vergessen: die Lösung von Streitigkeiten mit friedlichen Mitteln. Das ist die Grundlage für die Existenz unserer modernen Welt.

In der Weltpolitik müssen Moral, Ethik und bestimmte Verhaltensregeln fest verankert sein. In letzter Zeit wird im Westen viel von einer »regelbasierten Internationalen Ordnung« gesprochen, ohne auszuführen, was genau damit gemeint ist – um Russland dann im selben Atemzug eine Verletzung dieser Ordnung vorzuwerfen.

Ich stimme zu, wir brauchen Regeln. Eine dieser Regeln muss sein, dass man nicht nur die eigenen Interessen berücksichtigt, sondern auch die Interessen anderer Länder. Und das nicht nur auf bilateraler Ebene. Ein bereits erwähntes Beispiel: Bei der Erweiterung von NATO und EU haben die westlichen Partner Russland versichert, dass es sich keine Sorgen machen müsse und davon nicht betroffen sei. Russland wurde vor vollendete Tatsachen gestellt. Aber es ist offensichtlich, dass diese Entscheidungen die Sicherheit unseres Landes betrafen, dass es um unsere Nachbarn ging, mit denen uns eine jahrhundertealte gemeinsame Geschichte verbindet.

Die internationalen Beziehungen dürfen nicht nach

dem Prinzip des Faustrechts gestaltet werden, nach nur pragmatischen Erwägungen, ohne Berücksichtigung der historischen, kulturellen Faktoren und – ich wiederhole mich – ohne Moral. Das ist eine der wichtigsten Lektionen der vergangenen Jahrzehnte.

Das Credo des neuen Denkens

Der Weg, den wir in den Jahren, in denen der Kalte Krieg sein Ende fand, und in den darauffolgenden Jahrzehnten gegangen sind, war nicht leicht. Es gab viele dramatische Ereignisse, viele Erfolge und viele Enttäuschungen. Aber bevor ich darauf zu sprechen komme, wie ich mir die Fortsetzung dieses Weges wünschen würde und welche Rolle die Staaten, die internationalen Organisationen sowie die Zivilgesellschaft in den nächsten Jahren spielen könnten, möchte ich eine Art Credo des neuen politischen Denkens entwerfen. Ich möchte die Prinzipien und Leitgedanken aufzählen, zu denen wir damals gelangt sind und die – davon bin ich überzeugt – ihre Gültigkeit bis heute bewahrt haben.

Die menschliche Zivilisation ist an einem Punkt angelangt, an dem die Verbindungen und wechselseitigen Abhängigkeiten aller ihrer Teile eine neue Weltpolitik erforderlich machen. Die frühere Politik, die auf Konfrontation basierte – auf der Auseinandersetzung zwischen Staaten und Ideologien –, muss der Vergangenheit angehören.

Das nukleare Zeitalter birgt eine Gefahr für die Existenz der Menschheit: Sie ist fragil geworden, droht vernichtet zu werden. Diese Gefahr ist nicht zu überwinden ohne Abschaffung der Atomwaffen. Es gibt keinen anderen Ausweg.

Die Differenzen zwischen den Staaten dürfen einzig und allein mit friedlichen Mitteln beigelegt werden, mit Hilfe von Dialog und Verhandlungen. Wenn wir weiter die früheren Methoden zur Lösung internationaler Konflikte anwenden – Krieg, Eroberung, das Prinzip, sich Vorteile auf Kosten anderer zu verschaffen –, so erwächst daraus eine tödliche Gefahr für alle.

Der einzige Schiedsrichter, der das Recht hat, die Anwendung von Gewalt in Ausnahmefällen zu erlauben, um Aggressionen abzuwehren, sind die Vereinten Nationen. Militäraktionen von Staaten, die sich selbst in der Rolle des Weltpolizisten sehen, sind inakzeptabel.

Das hohe Maß an Verflechtung der Weltwirtschaft macht alle Staaten voneinander abhängig. Regionale und globale Integration ist eine schwierige, widersprüchliche Aufgabe, aber sie ist unvermeidlich, und sie muss dem Wohl aller Länder dienen.

Die Beziehungen zwischen den Staaten – alten wie neuen, großen wie kleinen – müssen auf Interessenausgleich basieren. Solch ein Interessenausgleich ist möglich, wenn alle Beteiligten guten Willen mitbringen.

Die Unterschiede zwischen den Staaten, ihre Besonderheiten, sind kein Grund für Streit und Feindschaft. Im Gegenteil, sie machen Kooperation, den Austausch von Erfahrungen und Werten, den Fortschritt aller überhaupt erst möglich.

Moral, universelle Werte, Achtung vor dem Individuum, vor der Würde des Menschen – all das muss zu einem integralen Bestandteil der Weltpolitik werden.

Die Demokratisierung der Gesellschaft und der internationalen Beziehungen sind nicht voneinander zu trennen: Jedes Land muss selbst entscheiden dürfen, welchen Weg es gehen will. Keines darf einem anderen sein eigenes Verständnis von Demokratie aufzwingen, erst recht nicht mit Waffengewalt.

Die Rüstungspolitik muss sich daran orientieren, was unter vernünftigen Bedingungen notwendig ist zur eigenen Verteidigung. Ein Rüstungswettlauf ist zerstörerisch und unmoralisch, er fügt der Wirtschaft Schaden zu und sorgt für Feindseligkeiten und Konfrontation.

Die Sicherung des Friedens ist die wichtigste Voraussetzung für die Bewältigung globaler Probleme wie der Umweltkrise, des internationalen Terrorismus, der Migration und all der anderen Herausforderungen, die im Fokus der Aufmerksamkeit der Staaten und internationalen Organisationen stehen müssen.

In der neuen Epoche, in der wir leben, werden die Zivilgesellschaft und alle ihre Organisationen zu einem immer wichtigeren Subjekt der internationalen Beziehungen. Sich auf sie zu stützen, sie bei der Problemlösung einzubinden, ist eine Verpflichtung und besondere Verantwortung aller politischen Entscheidungsträger.

Manch einem werden diese Prinzipien vollkommen selbstverständlich, ja, banal erscheinen. Ich sehe das anders. Wenn das so wäre, dann müsste es leicht sein, sie in der Praxis der internationalen Beziehungen umzusetzen. Aber wie schwer war jeder einzelne Schritt, der auf diese Prinzipien baute! Und wie oft werden sie in letzter Zeit verletzt.

Ich bin überzeugt: Diese Prinzipien bieten der Welt eine Perspektive. Sie sind das, wonach wir streben müssen. Kein einzelnes Land kann den Kurs zu diesem Ideal bestimmen. Und damit stellt sich auch gleich die Frage nach der Führerschaft – eine der dringlichsten und zugleich schwierigsten Herausforderungen der aktuellen Weltpolitik.

Vierter Teil

Wer ist wer in der globalen Welt?

Die USA: monopolistische Führung oder Partnerschaft?

Die Vereinigten Staaten haben nach dem Ende des Kalten Krieges im Gefühl des Triumphs das Monopol für die Führungsrolle in der Weltpolitik übernommen. Mehr noch: Politiker, Experten und Journalisten begannen vom neuen amerikanischen Imperium zu reden. In der Folge haben sich die Atmosphäre und vor allem die Rhetorik verändert. Und die Rolle der USA auf der Weltbühne hat sich kaum zum Besseren gewandelt.

Die Vereinigten Staaten waren für uns der wichtigste Partner bei der Beendigung des Kalten Krieges und des Wettrüstens. Den Beziehungen zu diesem Land haben wir in Moskau immer eine besondere Bedeutung beigemessen, denn wir waren uns seiner wirtschaftlichen Kraft, seiner militärischen Macht und seines politischen Einflusses bewusst. Ohne eine Wende in unserem Verhältnis zu Amerika und den Dialog mit Washington hätte es Ende der achtziger Jahre keine entscheidenden Veränderungen auf der Welt gegeben.

In diesen Jahren habe ich nicht nur die Präsidenten und führenden Politiker dieses Landes kennengelernt sowie wichtige Vertreter aus Wirtschaft, Wissenschaft und Kultur. Später, als ich oft in Amerika mit Vorträgen und Reden unterwegs war, traf ich viele normale Bürger und hörte ihnen zu. Ich habe das Land gut kennenlernen dürfen und meinte einmal im Scherz, ich wünschte den US-Präsidenten, mindestens so viele Bundesstaaten gesehen zu haben wie ich – es waren mehr als dreißig, von North Dakota bis nach Florida, von Kalifornien bis nach Massachusetts.

Ich mag die Amerikaner, die Menschen sind offen und geradeheraus, fleißig und zielstrebig. Ich erinnere mich, dass einer von ihnen einen Brief an die Redaktion einer lokalen Zeitung schrieb: »Ich bin mehrere Stunden aus einem Nachbarstaat angereist, um die Rede von Michail Gorbatschow zu hören. Ich stimme nicht mit allem überein, was er gesagt hat, aber er ist ein aufrichtiger Mann, überzeugt von dem, was er tut, und ich habe Vertrauen in ihn.« Ich nehme an, diese Beschreibung trifft auch auf den Autor des Leserbriefes zu. Mit solchen Menschen kann man auskommen und bei Verhandlungen einen gemeinsamen Nenner finden.

Im Gegensatz zu manchen amerikanischen Politikern, die von Machtgehabe und Interventionismus besessen zu sein scheinen, verstehen die meisten einfachen Amerikaner, dass ihr Land sich vor allem auf seine inneren Angelegenheiten konzentrieren sollte, dass auch ihr Land Veränderungen braucht.

Ich erinnere mich, wie mich eine Frage beeindruckt hat, die mir der Teilnehmer einer Veranstaltung mit Tausenden Zuschauern stellte. Es war 2007, die Terroranschläge vom 11. September waren noch immer präsent im Bewusstsein der Menschen, und die Bürger scharten sich um ihren Präsidenten. Das amerikanische Volk rückte zusammen angesichts dieses unfassbaren Anschlags. Und doch kam irgendwann der Moment, in dem sich viele Amerikaner zu fragen begannen: Kann man für alle Probleme eine Bedrohung von außen verantwortlich machen?

»In unserem Land stimmt etwas nicht«, erklärte ein junger Mann, und dann fragte er mich: »Welchen Rat würden Sie uns geben?«

Ich versuchte mich mit einem Scherz aus der Affäre zu ziehen, es seien doch schließlich die Amerikaner, die anderen so gerne Ratschläge erteilten. Doch dann erhob sich ein anderer Mann und stellte mir dieselbe Frage. Und so antwortete ich zögernd: »Ich maße mir gewiss nicht an, Ihnen zu konkreten Fragen Ratschläge zu erteilen, Sie wissen da besser Bescheid. Aber es scheint mir, dass Amerika eine Veränderung braucht. Amerika braucht seine eigene Perestroika – eine Perestroika nach amerikanischer Art.« Das Publikum applaudierte.

Solche Begegnungen lehrten mich: Die meisten Amerikaner legen keinen besonderen Wert darauf, dass ihr Land als Imperium auftritt. Zugleich ist die Vorstellung, in irgendeiner Weise zu führen und Vorbild zu sein in der Welt, in ihren Köpfen fest verankert. Dabei haben sie Respekt vor dem Gesetz, vor anderen Menschen, vor ihren Rechten und ihrer Würde. Ich denke, sowohl die einfachen Leute als auch viele bedeutende Persönlichkeiten sind sich des Unterschieds zwischen imperialen Ambitionen und echter Führung bewusst.

Die USA könnten eine echte Führungsrolle einnehmen bei der Lösung von Konflikten, beim Kampf um die Erhaltung der Umwelt und bei der Lösung anderer globaler Probleme, wenn sie Partnerschaft anstreben und nicht Dominanz erzwingen würden. Die vergangenen Jahrzehnte zeigen aber, dass die amerikanischen Politiker dies nicht begriffen haben. Gewalt scheint für sie ein normales Mittel der Politik zu sein.

Zwei Lager?

Oft hört man, in der Außenpolitik der USA gebe es zwei widersprüchliche Tendenzen – eine realistische und eine idealistische. Die »Realisten« verteidigen demnach die nationalen Interessen, vor allem der Wirtschaft und des Militärs; die »Idealisten« wiederum setzen sich für Demokratie und Menschenrechte ein. Dies ist natürlich eine grobe Vereinfachung. Es ist unmöglich, in der amerikanischen Politik zwei getrennte Lager zu identifizieren. Aber ich würde sagen, dass bei allen US-Regierungen die Tendenz besteht, die Interessen der USA expansiv und global zu interpretieren und sie entsprechend durchzusetzen, gegen die Interessen anderer Länder und in letzter Zeit häufig zum Unmut ihrer eigenen Verbündeten, vor allem in Europa.

Kann sich das ändern? Wird Amerika einen Platz in der globalen Welt finden, an dem es sein enormes ökonomisches, wissenschaftliches und technologisches Potenzial entfalten kann und gleichzeitig Rücksicht auf andere Länder nimmt?

Dies wird in den kommenden Jahren eines der zentralen Themen der Weltpolitik sein. Und es ist nicht neu.

Ich habe dieses Thema schon während meiner Gespräche mit Ronald Reagan und George Bush und ihren Außenministern George Schultz und James Baker aufgegriffen. Wir waren in vielem einig. Mitte 1991 sprachen George Bush und ich in Nowo-Ogarjowo bei Moskau über die Aussichten auf eine ernsthafte Kooperation zwischen den Vereinigten Staaten und der reformierten Sowjetunion, um den Prozessen, die in der Welt ablaufen, eine konstruktive Richtung zu geben.

Diese Chance einer weiteren Vertiefung der Zusammenarbeit der beiden Weltmächte wurde durch einen Putsch im August 1991 vereitelt, der von einer reaktionären Gruppe in meinem Land organisiert wurde, die sich »Staatskomitee für den Ausnahmezustand« nannte. Der Putsch scheiterte zwar, schwächte jedoch die Position des Präsidenten der UdSSR und eröffnete Möglichkeiten für diejenigen, die aus dem Zerfall der Sowjetunion ihren eigenen Vorteil ziehen wollten.

Nach dem Zusammenbruch der UdSSR verfolgten die USA eine Dominanzstrategie, wobei das unipolare Momentum nur ihren eigenen Interessen diente. Und diese verfolgen sie bis heute in verschiedenen Teilen der Welt – im Irak, auf dem Balkan, in Afghanistan, Libyen, Syrien und neuerdings in Venezuela. Jeder US-Präsident hatte seinen eigenen Krieg.

Welchen Nutzen hatten amerikanische Bürger von den US-Militäraktionen? Hat all das die Welt sicher gemacht?

Wie lange wird es dauern, um die Trümmer zu beseitigen, die diese Abenteuer und das aufgeblähte Militärbudget mit sich brachten?

Diese Fragen müssen zunächst die Amerikaner selbst beantworten. Sie wählen ihren Präsidenten und ihre Abgeordneten in den Kongress. Der Rest der Welt sollte aber nicht nur zuschauen. Viel wird davon abhängen, welche Politik die Verbündeten der USA und anderer Länder verfolgen, und von ihren Verhandlungspartnern.

Hier will ich noch Folgendes anmerken: Bei aller Kritik und auch Empörung, die viele US-Aktionen auf der ganzen Welt auslösen – in Europa, China, Indien, Russland, Lateinamerika –, bleibt doch die wichtige Rolle der Vereinigten Staaten unumstritten, und überall herrscht Bereitschaft, mit ihnen zu kooperieren. Aber die entscheidende Frage lautet: Ist Amerika selbst dazu bereit? Falls ja – auf welcher Grundlage, auf der alten oder auf einer neuen?

Die gegenwärtige Phase der US-Politik offenbart den Triumph derjenigen, die überzeugt sind, dass allein Dominanz und ein unilateraler Ansatz die Führungsrolle in der Weltpolitik garantieren.

Doch die globalen Kräfteverhältnisse wandeln sich. Und nicht nur das. Die Menschen lehnen den Einsatz von Gewalt zur Lösung von Problemen, auch globaler Art, immer entschiedener ab. Früher oder später wird Amerika sich das eingestehen müssen.

Wir sehen bereits heute, dass man der destruktiven Haltung der USA eine Politik entgegensetzen kann, die darauf abzielt, das zu bewahren, was durch die gemeinsamen Bemühungen der internationalen Gemeinschaft erreicht wurde. Hier brauchen wir ebenso Entschlossenheit wie Flexibilität und eine klare Vision des Ziels – der Einhaltung demokratischer Methoden bei der Lösung der Probleme.

Momentan herrscht ein schwerer Konflikt um das Atomabkommen mit dem Iran. Der Vertrag stand am Ende langer, mühsamer Verhandlungen zwischen dem Iran und den fünf ständigen Mitgliedern des UN-Sicherheitsrats plus Deutschland. Diese Vereinbarung kommt allen zugute. Der Produktionsstopp von Kernmaterial, das für militärische Zwecke verwendet werden kann, wird von Inspektoren der Internationalen Atomenergiebehörde kontrolliert, die kürzlich bestätigt haben, dass die Bestimmungen eingehalten werden.

Eigentlich sollte man den Sieg der Diplomatie feiern, über alle Hindernisse hinweg einen guten Kompromiss gefunden zu haben. Aber Donald Trump hat all das zunichtegemacht. Nicht nur erklärte er ohne überzeugende Argumente den Rückzug der USA aus dem Abkommen, er verkündete auch Sanktionen gegen jene Länder und Unternehmen, die Beziehungen zum Iran unterhalten. Kein Wunder, dass diese Entscheidung als Akt der Willkür betrachtet wurde.

Die Reaktion zahlreicher Länder hat das Weiße Haus offenbar überrascht. Der Iran ist nicht in Hysterie verfallen, er zeigt Zurückhaltung, verlässt das Kontrollregime nicht. Die Länder der Europäischen Union haben trotz der US-Sanktionen einen Mechanismus geschaffen, um die Handels- und Wirtschaftsbeziehungen zum Iran aufrechtzuerhalten. Russland und China erklärten zudem, dass sie die Zusammenarbeit mit dem Iran nicht beenden würden.

Deshalb besteht nun Grund zu der Annahme, dass der destruktive Schritt der US-Regierung nicht zu einer Katastrophe in einer Region führen wird, die politisch ohnehin explosiv ist.

Wird es den US-Strategen eine Lehre sein? Noch ist dies schwer einzuschätzen. Tatsächlich haben sich die USA in dieser Sache gegen die gesamte Staatengemeinschaft gestellt. Und ich hoffe, dass sie besonnen und standhaft bleiben wird.

Eine umsichtige, koordinierte Haltung all jener Länder, die ein neues Wettrüsten verhindern wollen, ist auch im Zusammenhang mit dem Rückzug der USA aus dem Vertrag über Mittelstrecken- und Kurzstreckenraketen nötig. Russland reagierte diskret und vorsichtig. Präsident Wladimir Putin erklärte, Russland lehne den Ersteinsatz solcher Waffen in Europa ab. Es scheint, als hätten die meisten europäischen Länder nicht die Absicht, ihr Territorium für die Stationierung und den möglichen Einsatz amerikanischer Raketen zur Verfügung zu stellen. So ist es möglich, dass eine neue Raketenkrise auf dem europäischen Kontinent verhindert werden kann. Es gibt also Hoffnung, dass die politische Führung der USA ihre Lektion lernt.

Die multipolare Welt ist Realität

Die Amerikaner müssen akzeptieren, dass es auf der Welt nicht nur einen einzigen politischen und ökonomischen Pol gibt. Eine multipolare Welt ist längst Realität. In Fragen der Sicherheit, des Handels und der Migration tut die US-Regierung so, als sei es allein ihr Privileg, Entscheidungen zu treffen, während die anderen diese zur Kenntnis nehmen müssen. Verbündete haben ihre eigenen Interessen zurückzustellen. In den letzten Jahren ist diese Politik jedoch zunehmend gescheitert.

Die Europäische Union hat sich geweigert, den Bau der Nord-Stream-2-Erdgasleitung zu verhindern. Die Türkei hat erklärt, der Kauf russischer Luftverteidigungssysteme sei beschlossene Sache. Mexiko wird nicht für die Grenzmauer bezahlen, die der US-Präsident bauen will. Andere Staaten haben ihre Unterstützung verweigert für den Beschluss der US-Führung, ihre Botschaft in Israel nach Jerusalem zu verlegen und die Golanhöhen als Territorium Israels anzuerkennen.

Die Entscheidung der Vereinigten Staaten, aus dem Pariser Klimaschutzabkommen auszutreten, wurde fast einhellig verurteilt. Das Land findet sich immer wieder isoliert in internationalen Organisationen und wendet sich von ihnen ab, anstatt seine Position neu zu definieren – sei es die UNESCO oder der UN-Menschenrechtsrat.

Kann es der US-Regierung gelingen, unter den Parolen »Make America Great Again« und »America First« den Prozess der Multipolarität zu revidieren? Es sieht nicht danach aus. Nicht nur wächst der Anteil anderer Länder, insbesondere Chinas und Indiens, an der Weltwirtschaft, während der Anteil der Vereinigten Staaten nach dem Zusammenbruch 2008–2011 den alten Wert nicht mehr erreicht hat.

Tatsache ist auch, dass Multipolarität den Erfordernissen der modernen Welt am besten entspricht. Diese bestehen in der Notwendigkeit, die globalen Probleme zu lösen, die kulturelle Vielfalt zu bewahren, die internationalen Beziehungen zu demokratisieren und verschiedene Modelle von sozialer und ökonomischer Entwicklung zu entwickeln. All dies ist in der heutigen vernetzten Welt schlicht eine Notwendigkeit.

Die Welt braucht nicht einen Konsens nach dem Gusto Washingtons, sondern eine globale Verständigung über die wichtigsten Probleme unserer Zeit. Alle können dazu beitragen, die kleinsten ozeanischen Inselstaaten ebenso wie die großen kontinentalen Länder.

Europa:
unser Kontinent, unser Zuhause

Welchen Platz nimmt Europa in Zukunft ein? Was wird mit unserem Kontinent geschehen, dem die Menschheit so viel zu verdanken hat? Aber noch davor steht die Frage: Von welchem Europa genau reden wir?

Auf internationalen Konferenzen und in vielen Medien wird Europa oft mit der Europäischen Union gleichgesetzt. Als ich einmal damit konfrontiert wurde, fragte ich zurück: »Sie verwechseln da etwas – ist all das, was nicht zur EU gehört, vor allem Russland, nicht auch Europa?« In letzter Zeit trat diese Verwirrung seltener auf (vielleicht, weil die EU selbst große Probleme hat), aber sie ist nicht verschwunden.

Erinnern wir uns an die wichtigsten Schritte der politischen Entwicklung in den letzten Jahrzehnten: Die Europäische Gemeinschaft, und später die Europäische Union, hat in Europa und der ganzen Welt bis heute eine herausragende Bedeutung – im Rahmen dieses einzigartigen Staatenbundes ist es nicht nur Deutschland und Frankreich, den ehemaligen Feinden in drei schrecklichen Kriegen, gelungen, auf einem soliden ökonomischen Fundament Annäherung und Partnerschaft zu erreichen. Immer mehr Staaten sind hinzugekommen.

Zur Erfolgsgeschichte gehört auch, dass man behutsam und schrittweise vorging – von der Gründung der Europäischen Vereinigung für Kohle und Stahl 1952 über den Vertrag von Rom im Jahr 1957 bis hin zur Gründung der Europäischen Wirtschaftsgemeinschaft. Danach wurde die Gemeinschaft schrittweise erweitert und die Integration vertieft.

Parallel gab es politische Entwicklungen, die schließlich zum Ende des Ost-West-Konfliktes führten. Auf der Grundlage des Helsinki-Prozesses ist die Organisation für Sicherheit und Zusammenarbeit in Europa (OSZE) entstanden. Die Europäische Wirtschaftsgemeinschaft verwandelte sich in eine politische Union. Es war wichtig, diese Entwicklungen so weit wie möglich zu synchronisieren, um ein Auseinandertriften zu vermeiden.

Die Idee einer gemeinsamen europäischen Heimat, eines vereinten Europas ohne Grenzen – sie gehört zu den fruchtbarsten in unserer gemeinsamen Geschichte. Sie spielte eine Rolle bei der Überwindung des Kalten Krieges. Sie zu entwickeln, weiterzudenken und praktisch umzusetzen wurde zum verbindenden Thema der europäischen Politik.

Ich war sicher, dass dies dazu beitragen würde, viele Konflikte zu vermeiden, ob auf dem Balkan, innerhalb der Europäischen Union oder auch in den Beziehungen zwischen Russland und seinen Nachbarn. Die Geschichte entwickelte sich leider anders.

Heute ist Europa zu einem der neuralgischen Punkte der Weltpolitik geworden. Wie ist es dazu gekommen?

Ich bin zunehmend davon überzeugt, dass einer der Gründe in dem Kurs liegt, den die führenden Länder der Europäischen Union Anfang der neunziger Jahre eingeschlagen haben.

Damals beschritt die Union den Weg einer beschleunigten Expansion, als Reaktion auf den Wunsch einiger Länder, der EU beizutreten.

Gleichzeitig wurde übersehen, dass die globalen Positionen der EU von der Stärke ihrer internen Struktur abhängen. Es stellte sich heraus, dass alte wie auch neue EU-Mitglieder die gemeinsamen Standards in den Bereichen Wirtschaft, soziale Sicherheit und Korruptionsbekämpfung nicht einhalten.

Die internen Probleme der Europäischen Union im Zuge ihrer Erweiterung sind seitdem nicht kleiner geworden, im Gegenteil. Zum Unmut vieler Bürger in den Mitgliedsländern. Sie erkennen für sich keinen besonderen Nutzen in einem gewaltigen bürokratischen Apparat, der nur schwerfällig auf ihre Probleme und Bedürfnisse reagiert. Manche Krisen, vor allem jene in Griechenland, haben diese Stimmung schmerzhaft offenbart. Und spätestens mit dem Brexit ist die Hauptfrage: Wie viel Kraft besitzt die Europäische Union überhaupt noch?

Die Eile beim Erweiterungsprozess hat die Beziehungen zwischen der EU und Russland deutlich getrübt. Wir haben in den Jahren der Perestroika begonnen, neue Beziehungen aufzunehmen, indem wir 1988 das Abkommen über Handel und Zusammenarbeit schlossen. 1994 wurde dann das Partnerschafts- und Kooperationsabkommen zwischen der EU und Russland unterzeichnet. Im Jahr 2001 fand der EU-Russland-Gipfel statt, auf dem der Präsident der Europäischen Kommission, Romano Prodi, die Idee eines gemeinsamen europäischen Wirtschaftsraums präsentierte. Es folgte 2005 die Unterzeichnung eines Abkommens zwischen Russland und der EU über strategische Partnerschaften in vier Bereichen – Wirtschaft, innere Sicherheit und Recht, äußere Sicherheit, Wissenschaft und Bildung.

Es schien, als hätten sich große Perspektiven eröffnet, ganz im Sinne der Idee eines gemeinsamen europäischen Hauses.

Aber diese neuen Möglichkeiten zu nutzen wäre nur auf der Basis eines gleichberechtigten Dialogs möglich gewesen, und nur dann, wenn man die russischen Interessen berücksichtigt hätte, vor allem beim Aufbau von Beziehungen zu unseren Nachbarn, mit denen wir durch Jahrhunderte einer komplexen gemeinsamen Geschichte verbunden sind.

An diesem Punkt zeigten die Führer der Europäischen Union weder genügend politische Weisheit noch hatten sie eine langfristige Vision.

Dies offenbarte sich vor allem in der Art und Weise, wie die EU ein Assoziierungsabkommen mit der Ukraine ausgehandelt hat. War nicht völlig klar, dass ein solches Abkommen die Interessen Russlands unmittelbar berührt? Handel, Wirtschaftsbeziehungen, industrielle Zusammenarbeit – all dies ist mit einem Knäuel politischer, wirtschaftlicher und rechtlicher Probleme verbunden. Sie mussten am Verhandlungstisch besprochen werden, an dem Russland hätte gleichberechtigt Platz nehmen sollen. Und ich bin mir sicher: Russlands Teilnahme wäre konstruktiv gewesen. Schließlich ist Russland sehr an einer Partnerschaft mit der EU und der Ukraine interessiert. Aber welche Art von Verhandlungen gab es? Man hat von Seiten der EU Russland nicht einmal halbherzig einbezogen in die Verhandlungen und am Ende einfach vor vollendete Tatsachen gestellt. Das Ergebnis ist bekannt, ebenso wie die deutliche Kritik erfahrener Politiker wie Helmut Schmidt oder Helmut Kohl an dieser Art der Verhandlungen.

Nun scheint es vielen, dass es auf unserem Kontinent bereits zu einer unumkehrbaren Spaltung gekommen ist. Wenn dem so ist, wird der Schaden für Europa enorm sein. In dem unvermeidlichen Wettbewerb der Regionen der Welt, der bereits begonnen hat, wird das die Position unseres Kontinents schwächen. Und das wäre dann tatsächlich der »Niedergang Europas«, von dem so viele sprechen. Das dürfen wir nicht zulassen.

Ich sehe keinen anderen Weg, als zur Idee eines gemeinsamen Hauses für alle Europäer zurückzukehren. Tatsächlich leben wir bereits in einem gemeinsamen Haus. Nur kommen in letzter Zeit die Bewohner schlecht miteinander aus. Das muss sich ändern.

Die in den vergangenen Jahrzehnten entstandenen und jüngst vertieften Gräben können wir nur gemeinsam wieder zuschütten. Die Lage ist so komplex, dass es geradezu titanischer Anstrengungen bedarf. Und wir müssen so schnell wie möglich anfangen. Ehrlich gesagt, hätten wir schon gestern anfangen müssen. Bedauerlich, dass die verantwortlichen Politiker dazu nicht die Weisheit und Kraft hatten.

China und Indien: die neuen Giganten

Schon in den späten achtziger Jahren, zu Zeiten der Abrüstungsverhandlungen, war klar, dass die Beziehungen zu den USA und den führenden europäischen Ländern nur ein Teil der globalen Agenda darstellten. Ich erinnere mich an ein Gespräch mit dem US-Außenminister George Schultz, einem erfahrenen Politiker und Diplomaten, wir diskutierten über die wachsende Rolle Chinas, Indiens und anderer Länder im asiatisch-pazifischen Raum. Diese würden, so stimmte ich ihm zu, in Zukunft nicht nur unabhängiger, sondern auch einflussreicher.

Heute sind diese beiden Länder – China und Indien – jedes auf seine Art, bei allen Besonderheiten ihrer Geschichte, Kultur und Mentalität, vor allem damit beschäftigt, die Lebensbedingungen für die Menschen dort zu verbessern.

Und sie sind damit beeindruckend erfolgreich. Die extreme Armut schwindet, Hunderte Millionen Menschen sind ihr entkommen, der Lebensstandard in Städten und auf dem Land steigt. Nicht nur die Bürger profitieren, auch die Wirtschaft erlebt einen enormen Aufschwung und setzt sich immer neue Ziele. Und all dies wurde auf überaus kreative Art erreicht. Die Länder Südostasiens haben jeweils ihre ganz eigene soziale und ökonomische Entwicklung vollzogen, und dies stärkt das globale Prinzip von Vielfalt und Wahlfreiheit.

Als ich 1989 China besuchte, um die Phase der gegenseitigen Entfremdung zu beenden und auf Kooperation und Partnerschaft zu setzen, begannen die Reformen in China gerade mal erste Früchte zu tragen, und das Land erlebte einen schwierigen Moment in seiner Geschichte. Vor unseren Augen fanden Massendemonstrationen von Studenten auf dem Platz des Himmlischen Friedens statt, ihre Unzufriedenheit erfasste auch andere Bevölkerungsgruppen. Die Krise fand ein blutiges Ende. Aber China setzte den Weg von Reform und der Öffnung fort. Das Land ist zur Werkbank der Welt geworden, das Wirtschaftswachstum ist stabil hoch.

China hat große Erfolge erzielt in den Bereichen Bildung, Wissenschaft, Technologie und Innovation. Das Land wurde zum Weltmarktführer bei neuen Patenten und überholte die USA bei der Ausbildung von Naturwissenschaftlern und Ingenieuren. Einer der weltweit leistungsstärksten Supercomputer kommt aus China, das Land schaffte den Sprung in den Weltraum.

Es gibt gleichwohl Probleme – die ungleiche Verteilung des Wohlstands, die Kluft zwischen Stadt und Land, akute Umweltprobleme, Wasserknappheit. Sowohl die Chinesen selbst als auch die ganze Welt sind daran interessiert, dass diese Probleme gelöst werden, und China wird stetig weiterwachsen. Natürlich entwickelt sich jedes Land mit seinem eigenen Tempo, es gibt Rückschläge und Krisen, aber ich bin überzeugt, China wird seinen Weg in die Zukunft machen.

Wie werden sich die Beziehungen Chinas als Weltmacht zu seinen Nachbarn und dem Rest der Welt entwickeln, etwa zu Russland, Japan oder den USA?

Während des Kalten Krieges wurde eine ähnliche Konstellation gleichsam wie auf einem großen Schachbrett gelöst, ein geopolitisches Spiel, in dem es Gewinner und Verlierer geben musste. Da die US-Regierung China als möglichen Verbündeten oder zumindest Partner in der Konfrontation mit der UdSSR betrachtete, verschaffte man dem Land Zugang zu den Weltmärkten und nahm Rücksicht auf dessen außenpolitische Interessen. Manche US-Strategen, etwa Zbigniew Brzezinski, konnten sich sogar eine Art amerikanisch-chinesisches Kondominium vorstellen.

Doch im Zuge der Überwindung des Kalten Krieges wurde klar, dass solche geopolitischen Spiele keine Aussicht auf Erfolg hatten.

Ich erinnere mich an ein Gespräch über das Verhältnis zu China im Dezember 1987 mit US-Vizepräsident George Bush. Wir waren uns einig, dass man in den Beziehungen zu diesem großen Land nicht nach einseitigen Vorteilen streben sollte, dass die erfolgreiche Entwicklung Chinas und die guten Beziehungen der USA und der Sowjetunion zu dem Land im Interesse aller sind. Denn China würde in erster Linie zum Wohle seiner Bevölkerung handeln, um seine nationalen Interessen zu verteidigen, so wie man sie in Peking definiert.

Ich denke, dies gilt noch heute. In den letzten Jahrzehnten hat sich die Welt massiv verändert, es hat tektonische Verschiebungen gegeben, aber bestimmte Konstanten prägen auch die globale Welt von morgen.

Auch Indien wird eine führende Rolle spielen. Nicht jeder hat es gemerkt, aber es hat seine Erfolgsformel gefunden, mit Wirtschaftsreformen und einer jährlichen BIP-Wachstumsrate von sechs bis acht Prozent. Trotz des anhaltenden Bevölkerungswachstums steigt das Pro-Kopf-BIP stetig an. Indien hat sich zu einem der Weltmarktführer in der Informationstechnologie entwickelt und erfolgreich High-Tech-Industrien wie die Nuklearwirtschaft, Luft- und Raumfahrt, Telekommunikation, Biotechnologie und Pharmazie entwickelt.

Ich bin froh, dass wir gemeinsam mit Rajiv Gandhi den Grundstein für die Zusammenarbeit zwischen unseren Ländern in diesen und anderen Bereichen gelegt haben. Und ebenso wichtig ist das politische Einverständnis zwischen unseren Ländern. Die Erklärung von Delhi 1986 zu den Grundsätzen einer atomwaffenfreien und gewaltfreien Welt ist noch immer aktuell. Indien ist eine Atommacht im Zentrum einer turbulenten Region. Es handelt zurückhaltend und verantwortungsbewusst.

Es gibt keine Peripherie

Dass es in der Weltpolitik keine Peripherie mehr gibt, ist uns wahrscheinlich 1997/98 zum ersten Mal bewusst geworden, als die Finanz- und Wirtschaftskrise in Ostasien, vor allem in Indonesien und Thailand, nicht nur die Länder des asiatisch-pazifischen Raums erfasste, etwa China, Indien, Südkorea, Vietnam, und die Erschütterungen danach buchstäblich überall auf der Welt zu spüren waren. Der krisenbedingte Kapitalabfluss und der Absturz der Rohstoffpreise wirkten sich auf Länder aus, die so unterschiedlich und weit von Asien entfernt waren wie Russland und Argentinien. Wir Russen haben die Rubelkrise vom August 1998, als der Staat seine Schulden nicht mehr begleichen konnte und der Rubel zum zweiten Mal innerhalb von knapp zehn Jahren stark unter Druck geriet, immer noch nicht vergessen.

Weil die Weltwirtschaft vernetzt ist, wird es auch in Zukunft solche Erschütterungen geben. Die Globalisierung birgt aber nicht nur Risiken. Wir sollten auch an die Länder denken, die die Chancen des globalen Marktes genutzt und einen Riesensprung nach vorne gemacht haben. Beispiele für solche Wirtschaftswunder gibt es auf allen Kontinenten, noch vor der gegenwärtigen Globalisierungswelle, wie der Fall Japan und Singapur zeigt. Beide Länder haben in den 1950er und 1960er Jahren als Erste die Probleme bewältigt und sich zu führenden Wirtschaftsnationen entwickelt.

Ich war mehrfach in Japan und bewundere aufrichtig, wie es den Bewohnern dieses von Erdbeben bedrohten Inselgebirgslandes gelungen ist, es zum Blühen zu bringen und es zu einem Wirtschaftsgiganten zu machen.

All diejenigen, die Japan heute angesichts der demografischen Entwicklung und des stagnierenden Wachstums für einen alternden Drachen halten, begehen einen großen Fehler. Wir dürfen nicht vergessen, wie nach den Verheerungen des Zweiten Weltkrieges dieses fast zerstörte Land ein Wirtschaftswunder geschafft hat. Und von diesem Wunder profitierten vor allem die Menschen: Japan ist seit mehreren Jahrzehnten eines der Länder mit der höchsten Lebenserwartung weltweit – diese Kennziffer ist für jedes Land ein wichtiger Indikator für seinen Entwicklungsstand.

Japan ist bis heute ein Land der Hochtechnologie und einer einzigartigen Kultur. Vielleicht ist dies sein Erfolgsgeheimnis. Die Japaner haben ihre Volkswirtschaft wieder auf die Beine gestellt, und es ist ihnen gelungen, sie zu transformieren. Sie handelten auf der Grundlage ihrer eigenen Wirtschaftsstrategie, die von Staat und Wirtschaft gemeinsam ausgearbeitet wurde. Dabei wurden vor allem die Besonderheiten der Kultur, Traditionen und Mentalität der Nation berücksichtigt.

Von der Metallurgie, dem Schiffbau und der Petrochemie bis hin zur Elektronik- und der Automobilindustrie – die Japaner haben überall dort eine leistungsfähige Infrastruktur geschaffen und Produkte von höchster Qualität hergestellt.

Japan hat sein eigenes Wirtschaftsmodell. In letzter Zeit wird viel darüber gesprochen, dass es angepasst werden muss, damit das Land seine Führungsrolle in der Weltwirtschaft behaupten kann. Ich bin überzeugt, die Japaner werden auch auf diese Herausforderung eine für sie eigene, originelle Antwort finden. Sie neigen dazu, Herausforderungen sorgfältig von allen Seiten zu betrachten und jeden Schritt gründlich zu durchdenken – so habe ich es in vielen Gesprächen mit Bürgern und Vertretern dort aus Politik und Wirtschaft immer wieder erlebt.

Gleichzeitig strahlen sie Optimismus und Zuversicht aus. Bei meinen Besuchen empfand ich stets guten Willen und Herzlichkeit mir persönlich und den Menschen in Russland gegenüber. Obwohl das Verhältnis zwischen unseren Ländern durch das sogenannte Inselproblem belastet wird – also die Frage der Kurilen, die nach dem Zweiten Weltkrieg zu Russland kamen.

Aber die Politik der Annäherung, die ich Anfang der neunziger Jahre einleitete, um gegenseitiges Vertrauen für eine friedliche Lösung dieses Gebietskonflikts zu schaffen, trägt offenbar bis heute Früchte.

Ein weiteres Beispiel für ökonomischen Erfolg nach dem Prinzip »Man muss seinen eigenen Kopf auf den Schultern tragen« ist Malaysia. Dessen politische Führung hat die vom Internationalen Währungsfonds und anderen Finanzinstitutionen auferlegten Rezepte wiederholt abgelehnt, und einen eigenen erfolgreichen Weg eingeschlagen.

Die Wachstumsrate ist höher als in den Nachbarländern, die man »asiatische Tiger« nennt. Und auch der gestiegene Lebensstandard hat dazu beigetragen, dass Malaysia längst nicht mehr ein Land der Dritten Welt ist. Es gab Krisen und wirtschaftliche Schocks, aber in der Regel wurden sie schneller überwunden als anderswo.

Ich nenne all diese Beispiele, nicht weil sie für mich ein Idealbild darstellen. Sondern weil ich sicher bin, dass jedes Land seinen eigenen Weg zu Wohlstand und Erfolg finden kann, indem es sich auf sein eigenes intellektuelles Potenzial stützt, dabei die Erfahrungen anderer berücksichtigt und ein günstiges äußeres Umfeld schafft.

Das ist natürlich nicht überall so. Viele Länder etwa in Afrika und Lateinamerika haben große Schwierigkeiten, sich zu entwickeln. Aber anzunehmen, dass sie dazu verdammt sind, Abgehängte im globalen Wirtschaftsraum zu bleiben, wäre falsch. Auch ihre Zeit wird kommen.

Der Nahe Osten:
nervöser Knoten der Weltpolitik

Andauernde Konflikte bringen stets die Gefahr von neuen Zusammenstößen und Erschütterungen mit sich. Die explosivste Region in dieser Hinsicht ist der Nahe und Mittlere Osten, für viele das Pulverfass der Welt.

Diese große Konfliktregion, der im Grunde auch noch die nordafrikanischen Länder zugeschrieben werden können, ist besonders instabil.

Erinnern wir uns an die Ermordung der pakistanischen Premierministerin Benazir Bhutto, den gescheiterten Militärputsch in der Türkei, den arabischen Frühling, der in Tunesien, Ägypten und Syrien rasant begann und stecken blieb, an den Einmarsch amerikanischer Truppen im Irak und den Einsatz ausländischer Streitkräfte in Libyen und Syrien, den fortgesetzten Druck der USA auf den Iran.

Dies sind alles Turbulenzen, die viele innere Ursachen haben, aber zugleich auch von außen verschärft werden. Und natürlich steht bei alldem der jahrzehntelange arabisch-israelische Konflikt im Zentrum. Genau betrachtet sind viele der Probleme dieser Region und der gesamten Weltgemeinschaft, die Migrationskrise eingeschlossen, auf diesen Konflikt zurückzuführen.

Warum gibt es bis heute keine Lösung? Immerhin

kamen wir mehrfach auf der Grundlage der Koexistenz zweier Staaten – Israel und des palästinensischen Staates – zu Entscheidungen, die für beide Seiten annehmbar gewesen wären, wobei Palästina offiziell Israel als seinen Nachbarn anerkannte.

Ich erinnere mich an die Madrider Nahostkonferenz, die im Oktober 1991 eröffnet wurde. Dieser Schritt war möglich, nachdem es die UdSSR und die USA geschafft hatten, eine einheitliche Position gegen den Einmarsch irakischer Truppen in Kuwait zu vertreten. Man fand eine Formel, die es Israel und den Palästinensern ermöglichte, an den Verhandlungstisch zu kommen. 1993 wurde das erste Abkommen zwischen Israel und der PLO in Washington, D. C., unterzeichnet. Jitzchak Rabin, Shimon Peres und Jassir Arafat haben dafür den Friedensnobelpreis erhalten. Aber es ist nicht gelungen, an diese Erfolge anzuknüpfen. Die Region kehrte schrittweise zu Konfrontation und Feindseligkeit zurück.

Es ist keineswegs so, dass die internationale Gemeinschaft und die Großmächte nichts unternommen hätten, um dies zu ändern. Es gab ernsthafte Versuche, vor allem im Rahmen des Quartetts der Vermittler (USA, Russland, UNO, EU), um einen Fahrplan für eine Nahost-Friedenslösung zu entwickeln.

Der Erfolg blieb jedoch aus; neue Ausbrüche von Gewalt in der Region machten Verhandlungen zunichte. Mittlerweile herrscht, was das Streben nach einer Friedensregelung für den Nahen Osten angeht, nur noch Lethargie.

Währenddessen führten Interventionen von außen in Ländern wie dem Irak, Libyen und Syrien dazu, dass die Chancen auf friedliche Lösungen noch mehr schwinden.

In den letzten Jahren haben wir immer öfter gesehen, wie Länder in der Region ohne Rücksicht auf die Weltmeinung handeln, ohne Rücksicht auf die Position der großen Staaten, deren Einfluss sie zuvor noch erkannt hatten und auf deren Meinung sie hörten. So entstehen neue Trennlinien und Koalitionen, die große Gefahren mit sich bringen.

Wenn wir uns weiterhin mit dem Stillstand im Nahen Osten abfinden, dann riskieren wir, dass es neue Ausbrüche von Gewalt gibt und die Stabilität weiter abnimmt, was den Terrorismus und neue Migrationswellen befördert. Wir dürfen uns keinen Illusionen hingeben: Dagegen helfen dann weder Mauern noch Zäune.

Was nicht geschehen darf

Der Große Mittlere Osten (also der Nahe Osten plus Nordafrika) ist heute eine Region, die von vielen Widersprüchen und blutigen Konflikten heimgesucht wird. Die Migrationswellen und die modernen Medien tragen sie in die ganze Welt, vor allem nach Europa.

Und sie befeuern den Konflikt zwischen unterschiedlichen Kulturen und Religionen. Wir dürfen unsere Augen davor nicht verschließen.

Vorher aber müssen wir uns klarmachen: Der fatale Zusammenstoß der Kulturen ist nicht zwangsläufig. Von ihren traditionellen Kulturen her stehen sich die Nationen nicht feindlich gegenüber. Keine einzige große Religion, keine einzige heilige Schrift, kein einziger Gott ruft seine Anhänger zu sinnloser Gewalt auf.

Dies ist kein Konflikt zwischen verschiedenen Kulturen, sondern zwischen der Zivilisation und der Barbarei. Extremisten, Fanatiker, fundamentalistische Ideologen und leider auch verantwortungslose Politiker schüren den Hass zwischen den Völkern.

Warum hat sich die Lage gerade in den letzten Jahrzehnten so verschärft?

Auch hier müssen wir über die Globalisierung sprechen. In ihrer gegenwärtigen Form ist sie oft gleichbedeutend mit Destabilisierung. Die Globalisierung trifft vor allem die schwächeren Länder, vor allem Entwicklungsländer und Übergangsgesellschaften, und macht den Fortbestand kultureller Vielfalt auf der Welt noch schwieriger. Die Kluft zwischen Wohlstand und Armut, der Kampf um Märkte und den Zugang zu Energiequellen sowie anderen natürlichen Ressourcen, die informationelle und kulturelle Expansion des Westens, die von anderen als Bedrohung ihrer kulturellen Identität wahrgenommen wird – all dies wirkt als Nährboden für nationalen und religiösen Fundamentalismus, ethnischen Separatismus und Fremdenfeindlichkeit.

Wenn Politik, Medien und öffentliche Meinung hier nicht gegensteuern, werden diese Gefühle von Extremisten, Terroristen und autoritären Regimes ausgenutzt; sie sprengen den inneren Frieden und bedrohen die internationale Stabilität.

Die Menschheit steht vor einer schweren Herausforderung. Wie können wir es schaffen, dass verschiedene Kulturen und Religionen friedlich zusammenleben und sich gegenseitig bereichern?

Die Islamische Welt

Die islamische Zivilisation wird in der zukünftigen Weltordnung einen wichtigen Platz einnehmen. Zu Beginn des 20. Jahrhunderts bekannten sich rund 150 Millionen Menschen zum islamischen Glauben, etwa ein Zehntel der Weltbevölkerung. Heute sind es 1,7 Milliarden Menschen, fast ein Viertel der Menschheit, auf allen Kontinenten.

Einige sehen die Grundursache für viele heutige Probleme im Wesen des Islam, darin, dass er angeblich den Werten der modernen Welt widerspricht und Gewalt Vorschub leistet. Das ist grundfalsch. In der Politik auf Islamfeindlichkeit zu setzen, bedeutet, mit Hunderten von Millionen Menschen in Konflikt zu geraten.

Denjenigen, die versuchen, unter der Flagge des Kampfes gegen den Extremismus einen »Kreuzzug« gegen die muslimische Welt und ihre Religion zu unternehmen, möchte ich die Frage stellen: Wie wollen Sie Menschen behandeln, die aufrichtig dem über Jahrhunderte gewachsenen Glauben ihrer Väter und Vorväter folgen? Bestrafen, umerziehen, auf den westlichen Weg zurückbringen?

Nicht alle vom Islam beherrschten Länder haben den nahtlosen Anschluss an die moderne Welt geschafft. Die Herausforderungen der Globalisierung zu bestehen ist in diesen Ländern, vor allem in der arabischen Welt, mit großen Schwierigkeiten verbunden. Dies hat aber nichts mit einem prinzipiellen Defizit zu tun (diese Meinung ist leider weit verbreitet), sondern mit historisch begründeten Umständen.

Die islamische Welt befindet sich in einer schwierigen Entwicklungsphase. Nach der Blütezeit im Mittelalter wurde sie an den Rand der Geschichte gedrängt. Im Laufe der Jahrhunderte haben andere über ihr Schicksal entschieden. Aber man kann den Beitrag der islamischen Zivilisation zur Entwicklung von Kultur, Philosophie, Naturwissenschaften – Algebra, Astronomie, Chemie – nicht hoch genug einschätzen.

Der Islam hat sich über weite Regionen ausgebreitet – von Spanien bis Indonesien – und überall Zeugnisse einer einzigartigen materiellen und künstlerischen Kultur hinterlassen. Das goldene Zeitalter der islamischen Zivilisation vom 9. bis zum 12. Jahrhundert war geprägt von vielen Erfindungen und Entdeckungen, die der gesamten Menschheit bis heute dienen.

Sie trugen dazu bei, dass die Reformation, die Renaissance, die großen Entdeckungen und schließlich die industrielle Revolution der westeuropäischen Zivilisation zum Durchbruch verhalfen und sie zum Zentrum des wissenschaftlichen, technischen und kulturellen Fortschritts werden ließ. Aber wir wissen sehr wohl, wie schwierig und schmerzhaft dieser Prozess war. Die Brutalität des Kolonialismus und des Kapitalismus, der Militarismus, der Europa in zwei Kriege stürzte, bis hin zur Sklaverei in den Südstaaten der USA – all diese Merkmale der westlichen Zivilisation haben bis heute Folgen für die ganze Welt.

Man darf der islamischen Welt nicht mit einem Gefühl von Überheblichkeit begegnen, wir müssen versuchen, sie in all ihrer Komplexität und all ihren Widersprüchen zu verstehen.

Diese Widersprüche sind so tief verwurzelt, dass man nicht von einem Konflikt der Kulturen sprechen kann, sondern von Konflikten innerhalb dieser Kultur. Sie haben ihren Ursprung sowohl in der Geschichte des Islam als auch in aktuellen Entwicklungen.

Seit anderthalb Jahrtausenden währt der Konflikt zwischen den Sunniten und den Schiiten, und die Anhänger beider Glaubensrichtungen betrachten allein ihre eigene Lehre als wahr. Dies bestimmt die Rivalität zwischen den beiden wichtigsten Ländern der islamischen Welt, Saudi-Arabien und Iran.

Es herrscht ein großer Wettstreit der ideologischen und politischen Strömungen – Traditionalisten, Gemäßigte, darunter demokratische Reformisten, und Radikale bzw. Dschihadisten, die den Weg von Gewalt und Terror beschritten haben.

Und obwohl es in letzter Zeit gelungen ist, den Terrorismus einzudämmen, ist klar, dass es nicht gelingt, ihn allein mit militärischen Mitteln zu besiegen.

Der Kampf gegen Extremismus in der islamischen Welt muss vor allem politisch und ideologisch ausgetragen werden. Es ist notwendig, den Einfluss von Hass- und

Gewaltpredigern einzudämmen und gleichzeitig einen Dialog mit gemäßigten Islamisten zu führen. Wir müssen islamische Staaten und Bewegungen in die politischen Prozesse einbeziehen. Und zugleich müssen in diesen Ländern säkulare Bewegungen und Kräfte gestärkt werden, als Gegengewicht zu Diktatoren und religiösen Extremisten. Der »Arabische Frühling«, der 2011 begann, hat gezeigt, wie mühsam das ist.

Die Krise der Demokratie

Historiker sprechen von drei langen Wellen der Demokratisierung. Sowohl auf die erste, die nach dem Ersten Weltkrieg endete, als auch auf die zweite, die in den sechziger Jahren des 20. Jahrhunderts einsetzte, folgten Perioden, die von Rückschlägen geprägt waren. Autoritäre, diktatorische und totalitäre Regime kehrten auf die Weltbühne zurück. Die dritte Welle, die durch die Perestroika in der Sowjetunion und das Ende des Kalten Krieges beschleunigt wurde, war auch hier keine Ausnahme. Zu Beginn des 21. Jahrhunderts registrierten Forscher eine Umkehr des Trends zur Demokratisierung und einen zunehmenden Pessimismus, was die Zukunft der Demokratie angeht. Politikwissenschaftler schließen nicht aus, dass das einundzwanzigste das Jahrhundert der Wiederbelebung des Autoritarismus sein wird.

Es stimmt, weltweit gibt es nur noch wenige diktatorische Regime, die die Rechte und Freiheiten ihrer Bürger offen und systematisch unterdrücken (und sogar dabei verstecken sie sich meist hinter demokratischen Parolen). Andererseits nimmt die Zahl der »hybriden« Regime zu, Länder, in denen demokratische Institutionen nur imitiert werden.

Statt die demokratischen Institutionen auszuweiten,

werden sie dort langsam erstickt, um dann die politische Opposition, unfolgsame Medien und die Unabhängigkeit der Gerichte auszuschalten. Dieses Modell ist Europa leider aus seiner jüngsten Vergangenheit bekannt, und wir wissen, wozu es in seiner Extremform führen kann. All dies geschieht oft mit schweigender Zustimmung der Öffentlichkeit. Im Laufe der Jahre gewöhnt man sich an einen solchen Staat, Wahlen entwickeln sich zur Formsache, mit entsprechenden Resultaten.

Weil soziale Prozesse Schwankungen unterliegen, auf Revolutionen fast immer Konterrevolutionen folgen, und Reformen Gegenreformen nach sich ziehen, lautet eine gängige Auffassung, es sei eine neue Demokratisierungswelle geradezu unvermeidlich.

Doch so wünschenswert diese These ist, sie trifft nach meinen Erfahrungen nur halb zu.

Ich betrachte die gegenwärtigen antidemokratischen Tendenzen mit großer Sorge. Was genau ist geschehen? Zuvorderst steht die Enttäuschung vieler Menschen über die Ergebnisse des demokratischen Prozesses, über die Politiker, die an die Macht kamen unter der Fahne der Demokratie. Umfragen zeigen, dass diese Stimmung auch in Ländern mit ausgeprägten demokratischen Traditionen vorherrscht. Soziologen haben eine »Ermüdung der Demokratie« auch bei jungen Menschen festgestellt. Wie soll man da jene Länder verurteilen, die überhaupt erst anfangen, demokratische Verfahren, eine demokratische Lebensweise und demokratisches Denken zu erlernen?

Als unsere Nachbarn, die Völker Mittel- und Osteuropas, Ende der achtziger Jahre ihren Wunsch nach Demokratie und Freiheit bekundeten, hinderte die Führung der Sowjetunion sie nicht daran. Zuallererst, weil wir selbst diesen Weg eingeschlagen hatten.

In Russland wird mir immer noch vorgeworfen, ich hätte Osteuropa »verschenkt«. Darauf antworte ich: Verschenkt – wem? Polen den Polen, Ungarn den Ungarn, die Tschechoslowakei den Tschechen und Slowaken! Bis heute bin ich zutiefst davon überzeugt, dass wir damals richtig gehandelt haben.

In mehrfacher Hinsicht waren die samtenen Revolutionen in diesen Ländern gewaltfrei und unblutig. Die Bürger hatten hohe Erwartungen an die neuen Politiker an der Macht. Aber nicht alle wurden erfüllt. Trotz der schmerzhaften Wirtschaftsreformen bleiben die meisten Länder dieser Region in Bezug auf Lebensqualität hinter den Ländern des Westens zurück. Die globale Wirtschaftskrise von 2008 hat die Mängel im Transformationsprozess schmerzlich offenbart, sie hat die Unzufriedenheit mit Korruption und der Entfremdung der Macht von den Problemen der Bürger verschärft. Die Unzufriedenheit ist auch auf die Strukturen der Europäischen Union gerichtet, mit ihrem zunehmend undemokratischen, bürokratischen Überbau.

Wer untergräbt den Glauben an die Demokratie?

Ein weiterer Grund für das Abebben der demokratischen Welle, für den schwindenden Glauben an die Demokratie, ist die Politik jener Länder, die als führend gelten – bei der sozioökonomischen Entwicklung, beim Aufbau demokratischer Institutionen und bei der Durchsetzung der Rechte und Freiheiten ihrer Bürger. Vor allem der Länder Westeuropas und der USA.

Ihre Rolle in der Weltgemeinschaft geht mit einer besonderen Verantwortung einher. Und wenn sie schon eine Führungsrolle bei der Förderung der Demokratie einnehmen, muss ihre Innen- und Außenpolitik ebenso den höchsten demokratischen Ansprüchen genügen.

Ich habe unseren westlichen Partnern, vor allem den amerikanischen Politikern, wiederholt versucht zu erklären, dass Demokratie nicht verordnet werden kann, dass sie nicht wie Kaffee in Säcken durch Länder und Kontinente transportiert und verteilt werden kann, und noch weniger in Panzern.

Es ist an der Zeit, den Zwang zur Demokratie aufzugeben, den Menschen Freiheit zu gewähren, eine eigene Wahl zu treffen, die ihrer Kultur, Mentalität und Tradition entspricht.

Ich muss sagen: Westliche Politiker haben diesen Rat nicht befolgt. Sie nahmen sich das Recht und erklärten es geradezu zu ihrer Mission, Noten für Demokratie zu verteilen, Länder und Völker anzuklagen, vor Gericht zu bringen, zu verurteilen und das Urteil zu vollstrecken.

Was anderes waren die Militäraktionen in Jugoslawien, im Irak und in Libyen? Sie fanden unter jeweils anderen Vorwänden statt, waren aber immer begleitet von demokratischen Parolen.

Und wenn wir den Grad an Demokratie in verschiedenen Ländern bewerten, dann sollten wir das nicht nur nach formalen Kriterien tun. Wahlen, Machtwechsel, freie Medien, Menschenrechte sind natürlich die wichtigsten Indizien. Aber sind sie in den Ländern der »nachhaltigen Demokratie« alle vollständig verwirklicht worden? Warum häufen sich massenhafte Zeichen von Unzufriedenheit in der Bevölkerung? Wäre es nicht besser, diesen Problemen Aufmerksamkeit zu schenken?

Schließlich diskreditiert nichts die Demokratie mehr als das Versagen demokratischer Politiker bei der Lösung von Problemen, die die Interessen der eigenen Bevölkerung betreffen.

Wenn aus den jüngsten Fehlschlägen des Westens in der Außenpolitik und bei der Lösung interner Probleme keine Schlussfolgerungen gezogen werden, wenn gewissermaßen keine Demokratisierung der Demokratie eintritt, wird die Attraktivität konkurrierender politischer Modelle für viele Menschen zunehmen. Ich fürchte, wir nähern uns dieser Linie. Sie ist eine gefährliche Grenzlinie.

Die Verantwortung der Medien

Auch die Medien sind für die Probleme der modernen Demokratie mit verantwortlich, aber ich möchte nicht mit Kritik an den Medien beginnen.

Ich habe großen Respekt vor der traditionellen Presse wie vor den neuen elektronischen Medien, und ich schätze die Arbeit von Journalisten. Ich habe sie immer als die wichtigsten Mittler zwischen Politik und Gesellschaft betrachtet, als Ideengeber und Katalysator für Veränderungen.

Es ist kein Zufall, dass wir die Reformen in unserem Land mit Glasnost begonnen haben, also mit Meinungsfreiheit und Pressefreiheit. Wir haben den Menschen die Möglichkeit gegeben, ohne Angst über das zu sprechen, was sie umtreibt. Mein Landsmann Alexander Solschenizyn lag falsch, als er einmal sagte: »Gorbatschows Glasnost hat alles ruiniert.« Ohne Glasnost hätten keine Reformen begonnen, und wenn sie doch begonnen hätten, wären sie erstickt, wie es schon öfter in unserer Geschichte geschah.

Journalisten gehen bei ihrer Arbeit zunehmend Risiken ein. Sie werden oft selbst von Beobachtern zu Zeugen und dadurch schnell zu Objekten politischer Repression, zu Geiseln und Opfern von Diktaturen, Bürgerkriegen und internationalen Konflikten. Wir müssen all denen, die in

Kriegsgebieten durch Terroristen, korrupte Beamte und andere Feinde der Freiheit ums Leben gekommen sind, unseren Respekt erweisen. Unter ihnen waren Freunde von mir, Menschen, die die russische Presse neu aufgebaut haben.

Wann immer ich sah, dass Journalisten angegriffen, bedroht und unter Druck gesetzt wurden, verteidigte ich sie und versuchte, ihnen zu helfen. Der Mut, die Professionalität der meisten von ihnen und ihre Dienste für die Demokratie sind unbestreitbar.

Wir müssen aber auch über die Probleme und vielen negativen Seiten des modernen Journalismus reden. Heute existieren die Medien in einem neuen globalen Informationsumfeld, es herrscht eine zunehmende Konzentration und die Konkurrenz durch das Internet, die sozialen Netzwerke und verschiedenste Nachrichten-Kanäle. Die Auswirkungen der neuen digitalen Informationsquellen auf die Qualität der journalistischen Arbeit sind noch nicht vollständig erforscht. Eines ist aber klar: Angesichts der raschen Entwicklung neuer Technologien werden die Anforderungen an Medien und Journalisten in Sachen Professionalität, Moral und Verantwortungsbewusstsein immer höher.

Das ist der technologische Aspekt. Es gibt aber noch zwei weitere Einflussfaktoren. Das Zusammenspiel von Politik und Wirtschaft, vor allem Big Business, mit den Medien ist ein komplexes und heute besonders akutes Thema. Tatsache ist, dass in der Gesellschaft eine gewisse Unzufriedenheit herrscht über das Bild einer Realität, das die modernen Medien vermitteln. Immer mehr Menschen beschleichen jene Zweifel, die der russische Regisseur Stanislawski in die berühmten Worte an seine Schauspieler kleidete: »Ich glaube das nicht!«

Das Verschwinden der Grenze zwischen objektiver Information und subjektiver Meinung, Beispiele von offener und verdeckter Zensur, einschließlich Selbstzensur, oberflächliche Berichterstattung, eine irritierende Fülle von Pseudoinformationen und zugleich das Schweigen über wirklich wichtige Ereignisse, das Phänomen erfundener, gefälschter Nachrichten (»Fake-News«), die hysterischen Talkshows, die an die Stelle ernsthafter Diskussionen treten, und in denen die Teilnehmer auf jede erdenkliche Weise aufgestachelt werden, die Überfrachtung der elektronischen und gedruckten Medien mit Werbung – all das sind keine neuen Phänomene, aber in den letzten Jahrzehnten haben sie dazu geführt, dass die Medien zunehmend ein verzerrtes Bild der Wirklichkeit widerspiegeln. Wer profitiert davon?

Zuallererst die Eigentümer vieler Medien. In vielen Ländern ist der Prozess der Monopolisierung von Medien in vollem Gange. Zeitungen sowie Radio- und Fernsehsender sind in den Händen von Geschäftsleuten, die vor allem Profite maximieren wollen. Das ist der Hauptgrund dafür, dass viele Zeitungen, Zeitschriften und Fernsehsender qualitativ so stark nachgelassen haben. Und das Schlimmste ist, dass dies Auswirkungen auf die Menschen hat. Sie kehren der Politik den Rücken, haben weniger Interesse an Information und suchen nur Bestätigung ihrer

Überzeugungen und blenden abweichende Meinungen aus.

Das Problem gilt in verschärfter Form für die sozialen Netzwerke. Es scheint, dass viele ihrer aktiven Nutzer wie die beliebtesten Blogger, die direkten Zugang zu Millionen von Followern haben, sich ihrer Verantwortung nicht bewusst sind. Abgesehen von den Fällen, bei denen wir über strafrechtliche Verantwortung sprechen müssen (bei Anstiftung zu Gewalt und Terrorismus oder Beteiligung beim Bilden von kriminellen Vereinigungen etc.), hat die Gesellschaft viele Gründe, die Medien zur Rechenschaft zu ziehen: Hört auf, Hass zu schüren, Ignoranz zu fördern und die politische Kultur zu zerstören!

Mir ist bewusst, dass die Antwort auf dieses Problem nicht lauten darf, Zensur auszuüben oder Mauern und Zäune im Internet zu errichten. In letzter Zeit gab es bei den handelnden Akteuren viele Debatten um dieses Problem. Die Herausforderung wird erkannt, aber es gibt noch keine Antwort. Ich schlage vor, dass wir auf der Suche nach der Balance zwischen Freiheit und Verantwortung die moralischen Maßstäbe zugrunde legen müssen, die sich über Jahrhunderte entwickelt haben. Sie sind nicht veraltet, aber sie müssen an das moderne Leben angepasst werden.

Zivilgesellschaft und internationale Organisationen

In den meisten Ländern hat die Zivilgesellschaft heute wesentliche Rechte und Einflussmöglichkeiten erworben. Dank der Aktivität der Bürger und ihrer Organisationen ist heute ein Mensch, der sein Recht auf ein menschenwürdiges Leben gegenüber dem Staat oder dem Arbeitgeber verteidigt, nicht mehr auf sich allein gestellt.

Aber natürlich funktioniert die Zivilgesellschaft in verschiedenen Ländern unter jeweils eigenen Bedingungen und mit unterschiedlichen Ergebnissen.

Es gibt immer noch viele Länder, in denen Aktivisten der Zivilgesellschaft verfolgt werden. Genauso wie Journalisten riskieren diese Menschen mutig ihr Leben. Sie verdienen unsere Unterstützung und unseren Schutz.

Diejenigen Regierungen, die glauben, Stabilität zu schaffen, indem sie die Zivilgesellschaft über Jahrzehnte hinweg unterdrücken, irren sich zutiefst. Im Gegenteil, durch solche Aktionen werfen sie ihre Länder um Jahrzehnte zurück und berauben sie der Quellen für Engagement und Fortschritt.

Im Laufe der vergangenen Jahrzehnte traf ich Hunderte Vertreter sozialer Bewegungen und Nichtregierungsorganisationen überall auf der Welt. Diese Menschen widmen ihr Leben dem Gemeinwohl, und ihr Engagement umfasst die gesamte globale Agenda: nukleare Abrüstung, Umweltschutz, Bekämpfung der Armut, Schutz der Grundrechte und -freiheiten, Gleichberechtigung für Menschen mit Behinderungen.

Wie viele Menschen investieren ihre ganze Energie in humanitäre und wohltätige Projekte! Ich habe bei einigen von ihnen mitgemacht, auch in Russland, wo es uns zum Beispiel gelungen ist, große Fortschritte bei der Behandlung von Leukämieerkrankungen bei Kindern zu erzielen.

Ich habe keinen Zweifel daran, dass soziale Bewegungen eine große Zukunft haben. Allmählich wird eine globale Zivilgesellschaft entstehen, es werden sich neue transnationale Gemeinschaften entwickeln, wie dies bereits bei der Wissenschaft, beim Schutz der Menschenrechte und der Umwelt der Fall ist.

Die internationale Protestbewegung gegen das Wettrüsten hatte einst entscheidend dazu beigetragen, dass nukleare Abrüstung überhaupt zu einem großen Thema wurde. Millionen von Menschen gingen auf die Straße, stellten Forderungen, fanden eine gemeinsame Sprache, und Politiker in Ost und West reagierten schließlich auf den Protest.

Zur selben Zeit wurde die Welt von Hungerkatastrophen in Afrika, insbesondere in Äthiopien und im Sudan, erschüttert. Menschen auf allen Kontinenten folgten dem Aufruf von Aktivisten, von Musikern und Schauspielern, den Opfern der Umweltkatastrophen dort zu helfen. Das

Lied »We are the World« ist eine Hymne dieser wahrhaft brüderlichen Hilfe geworden.

Auch heute sollte eine solch mächtige Bewegung von Millionen Menschen ihr Wort erheben für Frieden und Abrüstung auf der Welt.

Eine globale Zivilgesellschaft wird dann entstehen, wenn wir uns gegenseitig respektieren und Rücksicht auf die existierenden Unterschiede nehmen. Ich sage dies sowohl den Politikern als auch den Aktivisten der sozialen Bewegungen: Jedes Land, jede Gesellschaft muss auf eigene Weise wirtschaftlich, politisch und psychologisch reifen, um neue Ideen und Tendenzen zu erkennen, die ihnen zunächst nicht vertraut sind.

Wenn Menschen das Gefühl haben, dass diese Ideen und Trends ihnen aufgezwungen werden, bewirkt dies genau das Gegenteil.

Das schwierigste Problem der zukünftigen globalen Welt wird es sein sicherzustellen, dass sie vernünftig regierbar ist. Es ist noch nicht klar, in welcher Form dies geschehen wird. Eine »Weltregierung« ist da der falsche Weg.

Die bestehenden Institutionen der Weltgemeinschaft wurden in der Vergangenheit viel kritisiert – vor allem die Vereinten Nationen und ihre Organisationen. Ihnen werden Schwäche und Ineffizienz vorgeworfen. Aber die Vereinten Nationen werden immer so stark und effektiv sein, wie es ihre Mitgliedsstaaten wollen. Und deshalb ist es notwendig, sich ernsthaft für die Demokratisierung der internationalen Organisationen einzusetzen. Sie sollten offener und transparenter für die öffentliche Kontrolle sein und auf die Bedürfnisse der einfachen Bürger eingehen. Die Chefetagen dieser Organisationen sollten repräsentativer und pluralistischer zusammengesetzt sein. Und bei den Entscheidungen sollten auch diejenigen mitbestimmen dürfen, die von ihnen direkt betroffen sind.

Das neue Russland

Russland ist meine Heimat und das einzige Land, in dem ich mir vorstellen kann zu leben. Wenn ich über die zukünftige Welt nachdenke, frage ich mich, was unser Land beitragen kann.

Russland hat eine ruhmreiche tausendjährige Geschichte, der moderne russische Staat ist das Erbe des alten Russlands, des Moskauer Fürstentums, des russischen Zarenreichs und der Sowjetzeit. Russland ist dabei, seine Rolle in der zukünftigen globalen Welt zu finden. Die russische Gesellschaft steckt noch immer in einer Übergangsphase – von Totalitarismus und Unfreiheit zur Demokratie. Ein solcher Übergang ist nicht einfach.

Schon zur Sowjetzeit, aber auch im heutigen Russland wird dieser Prozess durch den Umstand erschwert, dass der russische Staat nicht nur ein sehr großes Land ist, sondern seit Jahrhunderten multinational und vielschichtig, es gibt Dutzende Nationalitäten und ethnische Gruppen. Die Verfassung der UdSSR erklärte die Republiken, die Teil der Sowjetunion waren, zu souveränen Staaten mit dem Recht, aus der Union auszutreten, aber diese Souveränität stand nur auf dem Papier. Tatsächlich war die UdSSR ein streng zentralisierter Einheitsstaat, dem sich die Teilrepubliken zu unterwerfen hatten.

Die Perestroika und die Meinungsfreiheit haben die Menschen aufgewühlt, und die Republiken forderten mehr Eigenständigkeit, manche sogar völlige Unabhängigkeit.

Ich war in diesen Jahren vor dem Ende der Sowjetunion zutiefst davon überzeugt, dass die Republiken nur dann politisch souverän, ökonomisch unabhängig sein und eine eigene Identität und Kultur entwickeln konnten, wenn diese Union der Sozialistischen Sowjetrepubliken grundlegend erneuert würde.

Dies erforderte nach meiner Überzeugung einen Umbau in eine demokratische und effektiv organisierte Föderation, an die die Einzelrepubliken einen Teil ihrer Souveränität delegieren. Der entscheidende Schritt in diese Richtung war der neue Unionsvertrag, dessen Unterzeichnung der Putsch der reaktionären Kräfte im August 1991 in letzter Minute verhinderte.

Als Präsident habe ich bis zum Ende für die Einheit der Sowjetunion gekämpft. Ich habe mit politischen Mitteln gekämpft – das ist mir wichtig zu betonen –, und ich habe versucht, die Sowjetbürger und meine Kollegen, die Führer der Unionsrepubliken, von meinem Vorhaben zu überzeugen. Noch heute glaube ich, dass die Integrität des Landes hätte gewahrt werden können und dass die neue Union im Interesse aller lag.

Aber der Putsch hat meine Position geschwächt. Und die Führung Russlands, der größten Republik der UdSSR, unter Boris Jelzin, entschied sich für die Auflösung der Sowjetunion. Das Land brach auseinander, der Staat kollabierte.

Dutzende Millionen Menschen, auch in Russland,

bekamen die Folgen dieser Entscheidung sehr bald am eigenen Leib zu spüren. Kein Wunder, dass allen Umfragen zufolge die Mehrheit der Russen den Zusammenbruch der Sowjetunion noch immer bedauert und die neunziger Jahre im Rückblick als die schwierigste Zeit im Gedächtnis hält. Das ökonomische Chaos, das entstand, weil die Wirtschaftsbeziehungen zwischen den einzelnen Republiken innerhalb der alten Sowjetunion gekappt und vorschnelle, überhastete Reformen durchgeführt wurden, hatte einen dramatischen Einbruch des Lebensstandards für die meisten Menschen zur Folge. Dem geschwächten Russland wurde die Möglichkeit geraubt, sich als starke Macht in die Weltwirtschaft zu integrieren.

All dies schwächte zwangsläufig den außenpolitischen Spielraum. Russland sprach auf der Weltbühne nicht mehr mit einer einheitlichen Stimme. Viele politische Entscheidungen der westlichen Länder, und vor allem der USA, widersprachen damals Russlands nationalen Interessen, aber wir konnten nichts dagegen tun, auf uns wurde keine Rücksicht genommen. Wir wurden vor vollendete Tatsachen gestellt.

Aber Russland konnte sich aus dieser Zwangslage befreien. Im ersten Jahrzehnt des neuen Jahrtausends konnte sich die Wirtschaft erholen, und das Land kehrte zurück auf die Weltbühne, um die eigenen Interessen zu verteidigen und das Chaos zu überwinden.

Als Präsident erbte Wladimir Putin dieses politische und ökonomische Chaos, das sein Vorgänger Boris Jelzin zu verantworten hatte. Dies betraf auch die Beziehungen der ehemaligen Teilrepubliken und Regionen zu Moskau. Der Regierungsapparat war geschwächt, die politischen Institutionen funktionierten nicht wirklich. In den neunziger Jahren sank das russische Bruttoinlandsprodukt um fast die Hälfte. Russland begann sich von der Krise von 1998 zu erholen, die unser Land besonders heftig getroffen hatte, was zur Zahlungsunfähigkeit der Regierung und zur Abwertung des Rubels führte.

Eine der Republiken in der Russischen Föderation – Tschetschenien – wurde zur Brutstätte des Terrorismus. Viele Regionen hatten Gesetze und Verordnungen erlassen, die gegen Bundesrecht verstießen. Der russische Staat befand sich im Zustand der Auflösung, ebenso die Armee, der soziale Sektor, die Wirtschaft und die Wissenschaft.

Unter diesen Umständen war es kaum möglich, mit Demokratie aus dem Lehrbuch die katastrophale Lage zu beenden. Dafür hatte uns die Geschichte einfach nicht genügend Zeit eingeräumt. Der Präsident hatte gar keine andere Wahl, als entschieden und konsequent zu handeln. Ein Teil der Gesellschaft reagierte kritisch auf diese Schritte, einige davon wurden als autoritär wahrgenommen. Die Massenmedien wurden einem großen staatlichen Druck ausgesetzt. Um die Integrität des Staates zu schützen und die Brutstätte des Terrorismus zu beseitigen, musste in Tschetschenien militärische Gewalt angewendet werden. Zudem wurde begonnen, die regionale Gesetzgebung an die Bundesgesetzgebung anzugleichen.

Das Vorgehen der Zentralregierung in Moskau war

nicht immer angemessen. Dass die Rolle des Parlaments und der Justiz geschwächt wurde, dass eine »Machtvertikale« auf Kosten der regionalen Selbstverwaltung entstand und der Staat die Kontrolle über die elektronischen Medien ausweitete – all das wurde kritisch betrachtet. Aber die Menschen erkannten bald, dass die Dinge sich allmählich zum Besseren wandelten.

In jenen Jahren wurde ich oft gefragt, wie ich die autoritären Elemente in der russischen Politik beurteilte. Sie blieben mir nicht verborgen, aber für mich war es undenkbar, die Politik des Präsidenten allein danach zu beurteilen. Man muss die Umstände betrachten, unter denen er handeln musste. Und wenn es das Ziel der Regierung ist, die Voraussetzung zu schaffen, dass eine starke, moderne Demokratie entsteht, bin ich bereit, den Präsidenten dabei zu unterstützen. Selbst wenn ich mit einzelnen Entscheidungen nicht einverstanden bin.

Die Führung des Landes war im sozioökonomischen Bereich mit einer äußerst schwierigen Situation konfrontiert. Der finanzielle Zusammenbruch im August 1998 hat das Realeinkommen der Bürger fast halbiert. Das Land war zahlungsunfähig. Führende Geschäftsbanken waren zusammengebrochen. Erst die ergriffenen Maßnahmen konnten eine Ausbreitung der Krise stoppen.

Der russischen Regierung ist es nicht gelungen, die Abhängigkeit der heimischen Wirtschaft vom Rohstoffexport zu beenden. Und auch andere Aspekte des Wirtschaftskurses habe ich immer wieder kritisiert, vor allem den Versuch, die Sozialleistungen für Rentner einzuschränken, was zu Massenprotesten führte. Generell kann man aber sagen, dass im ersten Jahrzehnt des neuen Jahrhunderts der Lebensstandard für Millionen von Russen sich deutlich besserte und dies eine Steigerung des Realeinkommens zur Folge hatte. Das wirtschaftliche Chaos der neunziger Jahre war überwunden.

Weichenstellung in der Außenpolitik

Ich habe es bereits beschrieben: Nach dem Zusammenbruch der UdSSR war Russland zu schwach, um eine klare außenpolitische Richtungsentscheidung zu treffen. Während die USA eine unipolare Welt anstrebten, reagierte Russland nur zögerlich auf Ereignisse und Herausforderungen, die seine Interessen unmittelbar betrafen.

Die russische Außenpolitik hatte keine wirksame Strategie, es fehlte ein klares Verständnis unserer nationalen Interessen. Um die Jahrhundertwende, zum Amtsantritt Wladimir Putins, wurde dies besonders deutlich. Obwohl offenkundig war, dass eine unipolare Welt mit großen Gefahren verbunden ist, akzeptierte Putin die Rolle des Westens und vor allem der USA in der Weltpolitik und der Weltwirtschaft. Russland kam dem Westen entgegen. Putin war der erste Staatschef, der den US-Präsidenten direkt nach den Terroranschlägen vom 11. September 2001 anrief. Er leistete uneingeschränkte Hilfe bei der Bekämpfung des Terrorismus und erklärte sich bereit, den russischen Luftraum für den Transfer von Militärgütern nach Afghanistan frei zu geben. Russland war bereit für eine

Partnerschaft mit dem Westen, einschließlich der NATO. Russland war auch in heiklen Fragen kompromissbereit, natürlich unter Berücksichtigung seiner eigenen Interessen.

Weder damals noch später wurden jene außenpolitischen Ziele verfolgt, die uns von unseren Gegnern oft zugeschrieben werden. Weder haben wir von der »Wiedergeburt des Imperiums« oder »Einflusszonen« noch von einer geopolitischen Expansion geredet. Aber auch das natürliche Interesse Russlands an Integrationsprozessen mit seinen Nachbarn, an einer verstärkten Zusammenarbeit mit den Mitgliedern der G. U. S. – der Gemeinschaft Unabhängiger Staaten –, stieß auf Misstrauen und wurde vom Westen zuweilen offen kritisiert. Auch haben unsere westlichen Partner die Initiative des damaligen russischen Präsidenten Dmitri Medwedew von 2008 zur Schaffung eines neuen europaweiten Sicherheitssystems, das auf Konsultations- und Konfliktverhütungsmechanismen beruht, nicht verstanden und nicht angenommen.

Generell muss man sagen, dass Russlands Versuch, ein konstruktives Miteinander zu erreichen, im Westen nicht honoriert wurde. Die dortigen Staats- und Regierungschefs wollten weder einen Dialog, noch Moskau in lebenswichtigen Fragen Zugeständnisse machen. Ich meine die Erweiterung der NATO, die Probleme der strategischen Stabilität und der Raketenabwehr, die Handels- und Wirtschaftsbeziehungen sowie die Energieversorgung Europas. Jeder Schritt Russlands wurde im Westen misstrauisch beäugt, man warf uns zu Unrecht vor, wir wollten die Sowjetunion wiederaufleben lassen und geopolitische Rache nehmen.

Dabei hatte Russland allen Grund, seine westlichen Partner zu kritisieren, wie es Präsident Putin dann auf der Sicherheitskonferenz in München im Februar 2007 tat.

Ich habe diese Rede noch einmal gelesen und kann die westliche Kritik daran nicht nachvollziehen. Weder offenbart sie eine antiamerikanische oder antiwestliche Einstellung, noch ist sie unnachgiebig oder aggressiv, und schon gar keine Kriegserklärung, wie manche meinten. Im Gegenteil: Ich finde sie klug und vernünftig.

Ist denn der Standpunkt so falsch, dass ein unipolares Modell für die moderne Welt nicht nur inakzeptabel, sondern gänzlich unmöglich ist? Dass allein die UN die Anwendung militärischer Gewalt als Ultima Ratio gutheißen kann? Dass es notwendig ist, eine Balance zu finden zwischen den unterschiedlichen nationalen Interessen? Dass kein Staat sein eigenes Rechtssystem einem anderen Staat aufzwingen darf? All dies brachte Putin in seiner Münchner Rede zur Sprache.

Dort erklärte er zugleich, Russland werde in Zukunft eine unabhängige Außenpolitik betreiben. Das kann doch nicht ernsthaft bestritten werden.

Über die Zukunft nachdenken

Heute sagt niemand mehr, man könne Russland abschreiben, es habe keine Zukunftsperspektiven. In den letzten zwei Jahrzehnten wurde viel erreicht, in Politik und Wirtschaft ist eine neue Generation aktiv geworden. Russland kann sich sehen lassen. Aber es gibt einiges zu bedenken. Welche Perspektiven bietet der russische Staat seinen Bürgern? Welches politische System wollen wir? Welche Art von Wirtschaftsordnung? Und vielleicht die Hauptfrage: Wie soll die russische Gesellschaft aussehen?

Diese Fragen bleiben bis heute weitgehend unbeantwortet.

Das politische System hat sich im Wesentlichen auf der Basis der Verfassung von 1993 entwickelt; sie enthält ein Ungleichgewicht zugunsten von Exekutive und Präsidialgewalt und zum Nachteil der Legislative. Zudem haben Änderungen in der Wahlgesetzgebung und beim Wahlmodus dazu geführt, dass die Parlamentarier gegenüber den Bürgern weniger Rechenschaft ablegen müssen. Und das Wahlsystem in den Regionen, in den Regionalparlamenten und Kommunalverwaltungen ist nicht gerade so beschaffen, dass sich dort die fähigsten Politiker durchsetzen.

Russlands Parteien haben bis heute noch immer keine geschlossenen, überzeugenden Programme. Die russischen Politiker scheinen vergessen zu haben, dass Parteien nicht per Dekret von oben entstehen, sondern dass sie wachsen müssen. Die Partei »Einiges Russland«, die sich vor allem auf den Staatsapparat stützt, wurde nie zu einer echten Partei mit überzeugenden Ideen und einem seriösen Programm. Die anderen im Parlament vertretenen Parteien sind kaum mehr als Dekor, und viele Parteien werden daran gehindert, überhaupt ins Parlament einzuziehen.

All dies geschieht im Namen der Stabilität. Ja, wir brauchen Stabilität, aber sie muss auf demokratischen Prinzipien ruhen, auf Dialog, auf offenem Wettbewerb verschiedener politischer Strömungen und Parteien. Das haben wir bisher nicht geschafft, trotz aller Bemühungen sind wir auf halbem Weg stecken geblieben. Wir dürfen nicht nachlassen, sonst werden wir Zeit verlieren und drohen zu scheitern.

Ebenso dringend ist die Frage, wie wir die Voraussetzung dafür schaffen, dass Regierungen auch regelmäßig abgewählt werden können. Das muss auch im Gesetz verankert werden. Laut Verfassung von 1993 ist die Amtszeit des Präsidenten auf zwei aufeinanderfolgende Perioden begrenzt. Dies lässt aber die Möglichkeit zu, durch Pausen zwischen den Amtszeiten die Begrenzung zu umgehen. So konnte Putin nach der Präsidentschaft von Dmitri Medwedew (2008 bis 2012) erneut antreten. Danach wurde er abermals für zwei Amtszeiten von jeweils sechs Jahren zum Präsidenten gewählt.

Putins Beliebtheit und sein hohes Ansehen in der Bevölkerung sind ebenso unbestritten wie seine Verdienste um die russische Gesellschaft. Dies hat mit seinen persönlichen Qualitäten zu tun, seinem Intellekt und seinem Durchsetzungsvermögen. Die Menschen schätzen die positiven Veränderungen, die ihr Leben unter Putin erfahren hat. Und glauben, sie müssten am Präsidenten festhalten, um den erreichten Lebensstandard nicht wieder zu verlieren.

Aber ist es sinnvoll, auch in Zukunft die politischen

Prozesse und Entscheidungen auf eine einzelne Person auszurichten? Wie hoch ist der Preis für einen Fehler bei einem solchen politischen Modell? Und können wir tatsächlich erwarten, dass die Mängel dieses Modells immer durch die persönlichen Qualitäten des jeweiligen Präsidenten kompensiert werden?

Auch unser Präsident selbst sollte über diese Fragen nachdenken. Wir brauchen darüber eine breite öffentliche Debatte. Natürlich dürfen wir die Stabilität unserer Gesellschaft, die wir uns nach den Herausforderungen der neunziger Jahre erkämpft haben, nicht wieder aufs Spiel setzen. Aber wir müssen an die Zukunft denken. Die Stabilität des Staates, die Perspektiven für die Entwicklung eines Landes hängen am Ende von der Stärke seiner politischen Institutionen ab, vom Vertrauen der Menschen in diese, und auch davon, dass immer wieder neue Kräfte die Politik beleben. Sonst drohen Trägheit, Stagnation und politische Apathie. Wie gefährlich das ist, wissen wir aus der jüngeren Geschichte.

Wirtschaft für den Menschen

In den vergangenen drei Jahrzehnten hat sich die russische Wirtschaft grundlegend verändert. Sie wurde zu einem integralen Bestandteil der Weltwirtschaft. Millionen von Menschen sind unternehmerisch tätig, kleine und mittlere Unternehmen sind entstanden. Der Begriff Defizit gehört heute der Vergangenheit an – früher nannte man so auf Russisch den Mangel an bestimmten Waren, die Warteschlangen in den Läden. Es gelang, einen stabilen makroökonomischen Rahmen mit niedriger Inflation und eine allgemein stabile Wirtschaft zu schaffen. Sie überstand die Schockwellen, die durch die Volatilität der Rohstoffpreise und die westlichen Sanktionen gegen Russland ausgelöst wurden.

Es gibt jedoch noch viele ungelöste Probleme. Russland gehört nicht zu den führenden Ländern der Weltwirtschaft. Die Wachstumsraten haben sich verlangsamt, was sich wiederum auf den Lebensstandard der Menschen auswirkt. Premierminister Dmitri Medwedew hat dazu folgende Zahl genannt: 19 Millionen Russen leben unter der Armutsgrenze. Die Jahre des Energiebooms und des raschen Wirtschaftswachstums im ersten Jahrzehnt des 21. Jahrhunderts haben wir nicht dazu genutzt, die Wirtschaft zu diversifizieren, sie durch Innovationen anzukurbeln und eigene neue Technologien zu entwickeln. In den meisten Sektoren der russischen Wirtschaft herrscht zu wenig Wettbewerb. Ein akutes Problem sind die Einkommensungleichheit der Menschen und die Kluft zwischen den Großstädten und den ländlichen Regionen, die in ihrer Entwicklung hinterherhinken. Der Kampf gegen die Korruption hat noch keine Früchte getragen.

Es liegt auf der Hand, dass es bei einem Trägheitsszenario – also einer Fortsetzung des aktuellen Wirtschaftskurses ohne wesentliche Änderungen – unmöglich sein wird, Wirtschaftswachstum über dem Weltdurchschnitt zu erzielen, so wie es der Präsident gefordert hat. Wir müssen neue Ansätze finden, um das Wachstum zu beschleunigen. Und nicht nur nominell, sondern vor allem so, dass es den Menschen zugutekommt.

Nach seiner Wiederwahl im Frühjahr 2018 unterzeichnete Präsident Putin ein weiteres »Mai-Dekret« über die strategischen Entwicklungsziele seiner vierten Amtszeit bis 2024. Die darin formulierten Ziele wären zweifellos ein Durchbruch in der Entwicklung Russlands. Dazu wurden nationale Projekte in drei Hauptbereichen ausgerufen: Humankapital, Lebensqualität und Wirtschaftswachstum.

Der Präsident will offenbar Trägheit und Stagnation überwinden. In jedem der von nationalen Projekten abgedeckten Bereiche – Gesundheit, Bildung, Demografie, Infrastruktur, Ökologie, Wohnen und städtische Umwelt, Kleinunternehmen und andere – wurden spezifische Aufgaben definiert. Zum ersten Mal in der russischen Geschichte wurden die Bereiche wissenschaftliche Forschung und technologische Entwicklung zu einem nationalen Projekt erklärt. Der Staat hat beträchtliche Mittel dafür bereitgestellt, in der Hoffnung, öffentliche und private Investitionen zu ermöglichen.

Russland hat seit 2006 Erfahrung mit nationalen Schwerpunktprojekten unter dem Titel »Investitionen in Menschen«. Nicht alles, was damals geplant war, wurde bis heute realisiert, aber insgesamt war die Bilanz eher positiv. Ohne sich auf die »unsichtbare Hand des Marktes« zu verlassen, hat der Staat die technische Modernisierung des Gesundheits- und Bildungssystems eingeleitet, hat Schulen ans Internet angeschlossen, den Wohnungsbau gefördert und Hypothekenkredite vergeben. Jetzt soll derselbe Ansatz in viel größeren Maßstab zur Anwendung kommen.

Ich bin überzeugt, dass Russland über alle notwendigen Ressourcen verfügt, um einen großen Sprung nach vorne zu machen. Nicht nur wegen seines Reichtums an Bodenschätzen, sondern vor allem wegen des Humankapitals – Russland ist reich an Talenten, seine Bürger sind leistungsbereit. Das wissen Unternehmer und Investoren, die in Russland aktiv sind, nur zu gut. Die große Mehrheit von ihnen verlässt unser Land nicht, trotz aller Hindernisse. Künstliche Hindernisse beim Handel und bei Investitionen müssen abgebaut werden.

Demokratie und Gesellschaft

Wohin treibt Russland? Diese Frage wird mir im Inland und im Ausland oft gestellt. Und häufig mit dem Unterton des Zweifels, ob Russland tatsächlich fähig ist, zu einer echten Demokratie zu werden. Manchmal werde ich rundheraus gefragt, wie viele der verabschiedeten Gesetze und Entscheidungen der russischen Behörden denn mit demokratischen Prinzipien vereinbar seien.

Ich antworte immer: Unsere Menschen sind demokratischer eingestellt, als Sie denken. Aber Russland hat eine schwierige Geschichte hinter sich. 250 Jahre Mongolenjoch, Leibeigenschaft, Stalins Repressionen. Die Menschen wurden dazu erzogen und waren es gewohnt, dass man sie wie Sklaven behandelt. Als das schließlich vorbei war, mussten sie in den neunziger Jahren, gerade als die Demokratie kam, Chaos und Willkür erleben.

Die Bürger Russlands müssen aus ihrer Vergangenheit lernen – sie müssen lernen, aktiv nein zu sagen. Das braucht Zeit. Aber Russlands Zukunft kann nur Demokratie bedeuten.

Die russische Gesellschaft wandelt sich schrittweise zu einer echten Zivilgesellschaft, in eine wahre politische Nation. Demokratie und der Aufbau einer funktionierenden Zivilgesellschaft wirken gemeinsam. Die Zivilgesellschaft wiederum ist die Umsetzung des wichtigsten Prinzips der Demokratie: dass die Menschen an den politischen Debatten und Entscheidungsprozessen beteiligt werden. Die Bürokratie kann all diese Aufgaben unmöglich alleine bewältigen.

Die Schaffung der Zivilgesellschaft ist ein komplexer Prozess, und wir können in Russland auf keine tief greifenden Traditionen für die Selbstorganisation zurückgreifen: Bisher funktionierte das nur in Zeiten des Notstands, etwa bei Naturkatastrophen und nationalen Tragödien.

Heute dagegen brauchen wir Solidarität, Kooperation und Selbstorganisation der Bürger in Friedenszeiten – der Schöpfung zuliebe. Dies ist die schwierigste Aufgabe. Aber sie ist machbar, und ich spüre es besonders bei Treffen mit jungen Leuten.

Studenten sind mein Lieblingspublikum, ich liebe es, mit ihnen zu diskutieren. Oft staune ich über ihre Gelassenheit, ihre intellektuelle Unabhängigkeit, ihre Neugierde und ihre Bereitschaft zuzuhören. Solange es meine

Gesundheit zuließ, reiste ich durch das Land und hielt Vorträge. Und ich war immer davon beseelt, dass Perestroika und Glasnost die Verhältnisse unumkehrbar zum Besseren gewandelt haben.

Doch die Russen leben mittlerweile in einem anderen Koordinatensystem. Vielleicht habe ich als Politiker verloren, vielleicht hat mir mein Selbstvertrauen einen Streich gespielt, weil ich die doppelte Bedrohung nicht erkannt habe – nicht nur durch Eiferer und Radikale, sondern auch durch Reaktionäre aus meinem eigenen Umfeld. Aber dennoch: Die Perestroika hat gewonnen. Ein Rückfall in die Vergangenheit ist ausgeschlossen.

Heute sind die Menschen bereit für Alternativen, für politischen Wettbewerb. Und ich sage zu den Regierenden in Russland: Habt keine Angst vor den Menschen! Hört auf, jede neue Regung gleich einzufangen und zu ersticken. Hört auf, die Menschen zu Wahlen ohne echte Wahl aufzurufen, zu Wahlen, deren Ergebnis schon feststeht. Hört auf, Feinde in denen zu sehen, die demonstrieren, protestieren oder Petitionen unterschreiben.

Eine lebendige, kreative und fordernde Zivilgesellschaft liegt im Interesse sowohl der Bürger wie auch der Regierung. Eine solche Zivilgesellschaft wird kommen.

Vertrauen wiederherstellen

In der heutigen Weltpolitik gibt es keine wichtigere und zugleich schwierigere Aufgabe, als das Vertrauen zwischen Russland und dem Westen wiederherzustellen. Im

Westen erkennt man sehr wohl, dass dies nötig ist, denn ohne Russland ist keines der großen globalen Probleme zu lösen. Aber die Verantwortung für die aktuelle Krise wird ganz auf Russland geschoben. Und man fordert von Russland, dem Westen einseitig entgegenzukommen.

Aber man darf mit Russland so nicht reden. Mehr noch – man sollte nicht einmal versuchen, Russland zu isolieren. Solche Versuche sind in den letzten fünf Jahren sämtlich gescheitert. Russland unterhält enge Beziehungen zu Dutzenden von Ländern auf allen Kontinenten. Seine Rolle als ständiges Mitglied des UN-Sicherheitsrates ist allgemein anerkannt. Auch nachdem sich die Beziehungen zu den westlichen Ländern und vor allem zu den USA verschlechtert hatten, scheute sich Russland nicht, mit ihnen in sensiblen weltpolitischen Fragen zusammenzuarbeiten. Es sei nur erinnert an die Initiative Russlands, Syriens chemische Waffen unter internationale Kontrolle zu bringen und zu vernichten. Dies geschah zu einer Zeit, als alles darauf hindeutete, dass es zu militärischer Gewalt gegen Syrien kommen würde. Dank Russland gelang es damals, diese Schwelle nicht nur nicht zu passieren, sondern die Kriegsgefahr sogar zu verringern.

Die Rolle Russlands bei den komplizierten Verhandlungen über das iranische Atomprogramm war ebenso konstruktiv. Russland ist nicht von seiner prinzipiellen Haltung abgewichen, keinen Zentimeter, und hat zugleich nicht versucht, den westlichen Partnern Steine in den Weg zu legen. Infolgedessen kam es zu einer Einigung, die nicht zufällig den Namen »gemeinsamer umfassender

Aktionsplan« trug. Dies zeigt, wie in existenziellen Fragen eine Einigung erzielt werden kann. Trägt etwa Russland die Schuld daran, dass die Umsetzung dieses Plans heute aufgrund der Entscheidung der amerikanischen Regierung mehr denn je gefährdet ist?

Dies sind nur zwei Beispiele. Es ist unverantwortlich, Russland zum Feindbild zu machen. Einmal sagte ich bei unserem ersten Treffen zu Ronald Reagan: »Herr Präsident, wenn Sie glauben, dass wir im Kreml nur darüber nachdenken, wie wir den USA schaden können, dann irren Sie sich.« Ich bin sicher, der russische Präsident könnte heute dasselbe sagen.

In einer gefährlichen und unberechenbaren Welt kommt Russland gar nicht umhin, alles zu tun, um seine eigene Sicherheit zu gewährleisten. Russland versteht jedoch, dass eine Rüstungskontrolle, vor allem im nuklearen Bereich, unabdingbar ist. Kürzlich wurde bekannt, dass Russland vorschlug, beim russisch-amerikanischen Gipfeltreffen der beiden Präsidenten ein gemeinsames Dokument zu verabschieden, in dem es heißt: »Ein Atomkrieg darf niemals begonnen werden, es kann dabei keine Sieger geben.« Dies ist ein direktes Zitat jener gemeinsamen Erklärung, die Ronald Reagan und ich am Ende unseres ersten Treffens in Genf im November 1985 verabschiedet haben. Damals war diese Erklärung das Signal, Verhandlungen zur radikalen nuklearen Abrüstung aufzunehmen. Die Welt sollte die neue Initiative Russlands unterstützen, um als nächsten Schritt ebenjene Erklärung auch auf multilateraler Ebene anzunehmen.

In den Beziehungen zwischen Russland und dem Westen fehlt die Bereitschaft, einander zu verstehen. Unsere Partner bemühen sich jedenfalls nicht darum. Es liegt doch auf der Hand, dass für Russland die Beziehungen zu unseren nächsten Nachbarn, etwa Georgien und der Ukraine, objektiv viel wichtiger sind als für jedes andere Land, die USA eingeschlossen. Schließlich geht es um eine jahrhundertealte Verbundenheit, um den Wunsch nach guter Nachbarschaft.

Ich erinnere mich, wie ich nach dem Konflikt in Georgien, der mit kriegerischen Aktionen gegen Südossetien begann, in der »Washington Post« einen Artikel über die Geschichte des Konflikts und seine Urheber schrieb. »Michail Saakaschwili hoffte auf die bedingungslose Unterstützung des Westens, und der Westen hat ihm Anlass für diese Hoffnung gegeben«, schrieb ich. Auf der Website der »Washington Post« haben Hunderte von Menschen auf meinen Artikel geantwortet. »Warum wird über den Konflikt so einseitig berichtet?«, fragten sie. »Ist es möglich, Politik auf der Grundlage einer derart einseitigen Information zu betreiben?« Und ein anderer Leser fragte: »Wie konnten sich die Vereinigten Staaten in diesen Konflikt hineinziehen lassen? Sie belehren andere, sind Tausende von Kilometern vom Geschehen entfernt und verfolgen eine Politik der ideologischen Konfrontation, die wir aus dem 20. Jahrhundert kennen.« Dies trifft den Nagel auf den Kopf.

Als es Ende 2013 jedoch zu dramatischen Ereignissen in der Ukraine kam, stellte sich heraus, dass der Westen seine Lektion nicht gelernt hatte. Russland war wieder an allem schuld. Weder die westlichen Medien noch die politischen Führer hatten ernsthaftes Interesse, die Geschichte und den Hintergrund der Krimkrise gründlich zu analysieren.

Nur zur Erinnerung: Dass die Krim im Jahr 1954 der Ukrainischen Sowjetrepublik zugeschlagen wurde, stieß bei den Menschen meiner Generation auf Unverständnis. Niemand fragte damals die Bewohner der Krim, ob sie sich diesen Wechsel von Russland zur Ukraine wünschten. Aber zumindest geschah dies im Rahmen eines Einheitsstaates, der Sowjetunion, und hatte keine besonderen Auswirkungen auf den Alltag der Menschen. Und dann, Ende 1991, als sie hastig die Sowjetunion auseinanderrissen, vergaßen die damaligen Staats- und Regierungschefs Russlands und der Ukraine das Volk. Früher oder später würde es unvermeidlich zu Zwietracht kommen. Und als die Menschen auf der Krim endlich gefragt wurden, Bürger welches Landes sie sein wollen, haben sie unmissverständlich geantwortet.

Unter Missachtung des Volkswillens, der sich im Referendum vom März 2014 ausdrückte, beschlossen die westlichen Staats- und Regierungschefs, Russland zu verurteilen und Sanktionen zu verhängen. Aber erstens sind Sanktionen eine zweischneidige Waffe, und zweitens können sie Russlands Position in dieser Frage nicht beeinflussen. Russland bringt die Frage der Sanktionen nicht auf die Tagesordnung, fordert nicht, sie zu beenden, aber es ist im Interesse des Westens selbst, seine Sanktionspolitik aufzugeben. Denn die Sanktionen haben nur eine einzige Wirkung: Die gegenseitige Entfremdung nimmt zu.

Russland hat ein enormes außenpolitisches Gedächtnis. Es gründet auf einer jahrhundertealten Geschichte, an deren vorläufigen Ende die Errungenschaften der Perestroika stehen. Wir sind nicht aus dem Kalten Krieg herausgekommen, um wieder die Kriegstrommeln zu hören.

Ich glaube nicht, dass der Vertrauensverlust der letzten Jahre unumkehrbar ist. Ich halte ihn für einen Ausrutscher, einen Fehler. Um diesen Fehler zu korrigieren, braucht es Zeit und Geduld, gesunden Menschenverstand und Verhandlungsgeschick. Aber vor allem müssen wir verstehen, dass wir auf einem gemeinsamen Planeten leben. Denn wir sind verantwortlich für sein zukünftiges Schicksal.

Fünfter Teil

Deutschland und Russland: Wie geht es weiter?

Ein Wort an die Deutschen des 21. Jahrhunderts

Wie steht es heute um die Beziehungen zwischen Russland und Deutschland? Dreißig Jahre sind vergangen seit dem Fall der Berliner Mauer, die nicht nur die Stadt, sondern auch Deutschland und Europa, ja, symbolisch die ganze Welt geteilt hat. Im Zuge der Veränderungen, die durch die Reformen in der Sowjetunion schrittweise, aber konsequent vorangetrieben wurden, verbesserte sich auch das Verhältnis zur Bundesrepublik. Und nach dem Zusammenbruch der UdSSR entwickelten sich dann auch die russisch-deutschen Beziehungen ebenso positiv.

2003 wurde auf Vorschlag des russischen Präsidenten und des deutschen Bundeskanzlers in Moskau eine bilaterale hochrangige Arbeitsgruppe für Sicherheitspolitik (HAGS) eingesetzt. Auf allen Gebieten, nicht nur im Bereich der Wirtschaft, wurden die Beziehungen enger. Auch die Zivilgesellschaften beider Länder kamen einander näher. Einen großen Beitrag dazu leistete der »Petersburger Dialog«, ein 2001 eingerichtetes russisch-deutsches Gesprächsforum, dessen Arbeit ich sechs Jahre lang als Vorsitzender auf russischer Seite begleitet habe.

Aber »im Kontext der Ereignisse in der Ukraine«, wie die Presse das nennt, hat das offizielle Berlin eine Abkühlung der Beziehungen eingeleitet. Die bilateralen Konsultationen auf höchster Ebene wurden suspendiert, die Sitzungen der Arbeitsgruppe für Sicherheitspolitik fielen aus, andere Plattformen für die regelmäßige Kommunikation wurden blockiert. Sogar der »Petersburger Dialog« stellte vorübergehend seine Arbeit ein. Die deutsche Führung unterstützte die Verhängung von Sanktionen gegen Russland durch die EU als »Strafe« für die Annexion der Krim und die Destabilisierung der Lage im Südosten der Ukraine.

Es ist wichtig, noch einmal darauf hinzuweisen: Die Abkühlung der Beziehungen zwischen den Ländern des Westens und des Ostens reicht viel weiter zurück. Sie gründet auf der bereits erwähnten Idee eines »Triumphs des Westens«, wie sie in Amerika zuerst aufkam. Als Russland nach dem Zusammenbruch der Sowjetunion geschwächt war, gab es nicht wenige, die sich auf unsere Kosten bereichern und zugleich unsere Rolle in der Weltpolitik schmälern wollten.

Kürzlich wurde ich gefragt, ob ich auch in Deutschland eine solche Haltung erkennen könne. Legen die Deutschen ein Triumphgehabe an den Tag? Nein, sie gehörten nie zu den Scharfmachern. Sie haben früh verstanden – und das gilt bis heute –, wie entscheidend die Menschen in Russland dazu beigetragen haben, den Weg für die deutsche Einheit frei zu machen. Denn ohne die Unterstützung des russischen Volkes hätten weder ich noch irgendein anderer Politiker an meiner Stelle dem deutschen Wunsch nach Einheit stattgeben können.

Die Bundesrepublik erfüllte alle Verpflichtungen, die für sie aus den damals geschlossenen Verträgen erwachsen sind. Nach dem Zerfall der Sowjetunion führten die Regierungschefs ihre Kontakte unter den neuen Bedingungen fort. Helmut Kohl und Boris Jelzin waren einander freundschaftlich verbunden, Gerhard Schröder – und in den Anfangsjahren auch Angela Merkel – kooperierte mit Wladimir Putin. Im Jahr 2001 wurde zum ersten Mal in der Geschichte ein russischer Präsident eingeladen, vor dem Deutschen Bundestag zu sprechen.

Die Deutschen haben in uns einen guten Nachbarn und einen wichtigen Partner gesehen. Es war bemerkenswert, wie freundlich die Soldaten und Offiziere, die einst mit der sowjetischen Armee in die DDR gekommen waren und nun Mitte der 90er Jahre die Bundesrepublik verließen, von den Menschen verabschiedet wurden.

Bei alldem war nicht mal ein Anflug von Triumphgehabe spürbar. Den Deutschen war zutiefst bewusst, dass ihr Beitrag zur Überwindung des Kalten Krieges nur mit uns möglich gewesen ist, aber nicht gegen uns.

Ab 2014 reihte sich Deutschland jedoch allmählich in den westlichen Chor ein, und die Haltung gegenüber Russland änderte sich. Das deutlichste Zeichen dafür ist die aktive Beteiligung der Bundesregierung an den antirussischen Sanktionen, obwohl einige Politiker und viele Wirtschaftsvertreter in Deutschland der Ansicht sind, dass sie ohnehin wirkungslos sind und der deutschen Wirtschaft erheblich schaden.

Vor diesem Hintergrund betrachtet, kann von blühenden Beziehungen zwischen Russland und Deutschland tatsächlich kaum die Rede sein. Und wenn Sie der Presse glauben, insbesondere der deutschen, hat sich die Lage sogar katastrophal verschlechtert. Stimmt das wirklich?

Ich habe mir die Fakten der letzten zwei oder drei Jahre angesehen und denke, dass die Lage nicht ganz so dramatisch ist. Urteilen Sie selbst.

Der politische Dialog zwischen Moskau und Berlin geht weiter. Von 2015 bis 2018 trafen sich Präsident Putin und Bundeskanzlerin Merkel ein- bis zweimal pro Jahr in unterschiedlichen Formaten. Außerdem gab es Begegnungen Putins mit dem Bundespräsidenten Frank-Walter Steinmeier. Außenminister Sergej Lawrow kommuniziert regelmäßig mit seinem deutschen Amtskollegen. Alle aktuellen Themen werden besprochen.

Auf wirtschaftlichem Gebiet ist Deutschland bis heute nach China der wichtigste Handelspartner Russlands, trotz aller mit den Sanktionen verbundenen Einschränkungen. Das russisch-deutsche Handelsvolumen stieg 2018 gegenüber dem Vorjahr um 8,4 Prozent auf 61,9 Milliarden Euro.

Investitionen deutscher Unternehmen in die russische Wirtschaft nehmen zu. Nach Angaben der Bundesbank ist das Volumen 2018 so stark gestiegen wie seit zehn Jahren (seit der Finanzkrise 2008/2009) nicht mehr: Es betrug 3,3 Milliarden Euro, 14 Prozent mehr als im Vorjahr. Zudem ist eine Vielzahl deutscher Unternehmen – etwa fünftausend – noch immer in Russland tätig.

All das spricht nicht dafür, dass sich das russisch-deutsche Verhältnis in einem katastrophalen Zustand befindet. In den Jahren, in denen beide Länder große Anstrengungen unternahmen, um die friedliche Wiedervereinigung Deutschlands herbeizuführen, hat sich der Wunsch nach gegenseitigem Verständnis und Zusammenarbeit verfestigt, und er ist ungebrochen.

Und doch bleibt das Verhältnis angespannt. Das wird schon deutlich, wenn man die Aussagen mancher Politiker vernimmt, den Fernseher einschaltet oder ins Internet schaut. Das berüchtigte Feindbild lebt wieder auf, von dem wir gehofft hatten, es sei mit dem Kalten Krieg begraben.

In Deutschland gibt es hochprofessionelle Medien. Einige namhafte Zeitungen und Zeitschriften trugen wesentlich dazu bei, dass sich Deutschland nach dem Krieg in eine echte Demokratie verwandelt hat. Sie zeichneten sich durch ihr unabhängiges Urteil aus.

Seit einigen Jahren scheint mir die deutsche Presse jedoch wie verwandelt. Wenn Sie einen Beitrag über Russland zur Hand nehmen, werden Sie oft feststellen, dass er von einem Journalisten geschrieben wurde, der wie ein Ankläger auftritt. Themen, die mit Russland zu tun haben, werden nicht selten mit einer generellen Vorwurfshaltung behandelt.

Was ist passiert? Journalisten sind frei, es gibt weder Zensur noch irgendwelche Einschränkungen. Doch nur wenige trauen sich, gegen den Mainstream anzuschreiben. Heute, so wirkt es auf mich, zeigen deutsche Medien keine Sympathien für die Russen, mehr noch, sie wollen sie gar nicht erst verstehen. Obwohl man genau dies gerade von den Deutschen erwarten sollte.

Dies erscheint mir ein besonderes Phänomen in den deutschen Medien zu sein: Russland und den Russen wird erneut die Rolle des Schreckgespenstes zugewiesen. Aber während sie zur Zeit des Kalten Krieges das Zerrbild des »wilden Asiaten« zeichneten, fast mit einem Dolch zwischen den Zähnen, gehen sie heute einen anderen Weg. Sie greifen nicht nur Russland und die Russen an, sondern auch jene Deutschen – ob Journalisten oder Politiker –, die für den Versuch plädieren, Russland zunächst einmal zu verstehen, bevor man ein endgültiges Urteil fällt über das Land. Wer es wagt, öffentlich solche Positionen zu vertreten, dem droht ein Scherbengericht.

Zugleich ist in der Kommunikation zwischen den Politikern das verloren gegangen, was die Grundvoraussetzung für die Normalisierung der internationalen Beziehungen ist: das gegenseitige Vertrauen.

Mag sein, dass die Lage in der globalisieren Welt auch allgemein nicht besser ist. Hier aber geht es um die deutsch-russischen Beziehungen. Und ich habe nie einen Hehl daraus gemacht, dass sie für mich eine besondere Bedeutung haben.

Erinnerungen an Deutschland

Deutschland ist für mich mehr als nur ein europäisches Land unter vielen, womit ich die Bedeutung unserer anderen Nachbarn keineswegs schmälern möchte.

Das liegt zunächst einmal daran, dass mich sowohl mein persönliches Schicksal als auch meine politische Karriere von jeher mit Deutschen verbindet. Mit sechs Jahren erfuhr ich zum ersten Mal, dass es auf der Welt so etwas wie »Deutsche« gibt. Mein Großvater nahm mich mit in ein Nachbardorf, in dem deutsche Aussiedler lebten. Dort fand eine Art Volksfest statt, und er kaufte mir Geschenke. Besonders gefallen haben mir die bunten, in verschiedenen Formen gebackenen Lebkuchen. Für mich stand fest: Die Deutschen, das sind gute Leute.

Nur vier Jahre später änderte sich meine Einstellung dramatisch. Die Deutschen, das waren jetzt die Leute, die den Krieg in mein Land gebracht hatten. Sie besetzten, wenn auch nicht lange, mein Dorf und benahmen sich, als seien sie die Hausherren.

Vor ihrem Rückzug gab es das Gerücht, dass sie die Familien von Mitgliedern der Kommunistischen Partei erschießen würden, und meine Mutter versteckte mich in der Scheune, auf der Tenne. Nun waren die Deutschen für mich die Mörder meines Vaters – wir erhielten eine offizielle Todesmeldung! Zum Glück erwies sie sich aber dann als falsch: Mein Vater überlebte schwer verletzt und kehrte nach dem Krieg nach Hause zurück.

Einige Jahre später, als ich mit dem Zug nach Moskau fuhr, um an der Lomonossow-Universität zu studieren, kam ich durch Stalingrad und andere Städte, in denen der Krieg und die Invasion schreckliche Spuren hinterlassen hatten: Ich sah Ruinen, zerstörte Häuser – ganze Dörfer waren abgebrannt – und Massengräber.

Für Raissa, meine Frau, war eine Episode aus ihrer Kindheit prägend. In dem Ort, in dem ihre Familie damals lebte (ihr Vater arbeitete bei der Eisenbahn, sie zogen häufig um), gab es deutsche Kriegsgefangene. Einmal, als sie mit ihrer jüngeren Schwester Ljuda, einem süßen blonden Mädchen, im Garten war, näherte sich einer dieser Soldaten Ljuda. Er lächelte sie an und wollte ihr über den Kopf streicheln. Raissa rannte zu ihr, zog Ljuda weg und schrie: »Wag es bloß nicht, du Deutscher, meine Schwester anzufassen!« Und der fing plötzlich an zu weinen. Raissa machte sich später Vorwürfe, sie konnte dieses Erlebnis nicht vergessen. Der unglückliche Gefangene hatte sich damals wohl an seine eigene Familie erinnert.

Viele Russen hatten Mitleid mit den Gefangenen, die häufig auf Baustellen in der Provinz und in Moskau eingesetzt wurden. Sie steckten ihnen Brot oder anderes Essen zu, obwohl sie selber in der Nachkriegszeit nicht viel hatten.

Als ich an der Universität studierte, gab es bereits zwei Deutschlands, die DDR und die BRD. Unsere Austauschstudenten kamen aus der DDR. Mit einem von ihnen teilte ich im Studentenwohnheim ein Zimmer. Es war ein netter Kerl, sehr fleißig, wir wurden Freunde. Er versuchte nicht nur zu lernen, sondern, wie man das damals nannte, auch »sein kulturelles Niveau zu heben«. Und er schaffte es, mich für klassische Musik zu begeistern.

Meine erste Auslandsreise führte mich Ende der 60er Jahre in die DDR. Ich war bereits in führender Position in Stawropol tätig. Mich haben die Ordnung und die Alltagskultur in der DDR beeindruckt. Wir wurden dort sehr gastfreundlich empfangen.

1975 kam ich zum ersten Mal nach Westdeutschland. Ich leitete die sowjetische Delegation, die auf Einladung der DKP anlässlich des 30. Jahrestages des Sieges über das nationalsozialistische Deutschland anreiste. Wir wurden gut aufgenommen, aber ich erinnere mich besonders an ein zufälliges Gespräch mit einem Arbeiter an einer Tankstelle, der von seiner Familie im anderen Teil Deutschlands erzählte. Zum ersten Mal dachte ich: Diese Situation ist doch nicht normal, dass Deutschland dreißig Jahre nach Kriegsende starr in zwei Teile getrennt ist. Und dass manchmal sogar nahe Verwandte keine Möglichkeit haben, sich zu sehen!

Mitte der 1980er Jahre wurde ich zum Generalsekretär der Kommunistischen Partei gewählt und leitete somit de facto den Staat, die Sowjetunion. Wir haben tiefgreifende Reformen angestoßen, deren Umsetzung eine günstige internationale Atmosphäre erforderte. Schon deshalb habe ich mich von Anfang an intensiv mit Außenpolitik befasst.

Wir trafen nun ausländische Kollegen, einschließlich der deutschen. Honecker und andere Spitzen der DDR kannten wir bereits, bald kamen die führenden Staatsmänner Westdeutschlands hinzu – Bundeskanzler Helmut Kohl, Präsident Richard von Weizsäcker, Hans-Dietrich Genscher, Lothar Späth, Franz Josef Strauß, Willy Brandt und viele andere. Jeder von ihnen war eine Persönlichkeit, alle hatte der Krieg auf jeweils eigene Weise geprägt.

Ich wusste schon vorher viel über Deutschland. Aber dank der engeren menschlichen Begegnungen lernte ich die Deutschen nun noch besser verstehen.

Bei den Kontakten mit Politikern aus der Bundesrepublik wurde nach und nach deutlich, dass sie sich im Großen und Ganzen um die gleichen Dinge Sorgen machten wie wir. Vor allem bei Kohl hatte ich das Gefühl, dass wir auf einer Wellenlänge sind, als er in einem der ersten Gespräche unter vier Augen daran erinnerte, dass wir beide Kinder des Krieges waren: »In zwölf Jahren beginnt das einundzwanzigste Jahrhundert, und das zweite Jahrtausend endet. Krieg und Gewalt sind nicht länger Mittel der Politik. Anders zu denken würde bedeuten, das Ende der Welt herbeizuführen.«

Damals habe ich verstanden, dass es möglich ist, miteinander auszukommen. Schließlich stimmten Kohls Worte nicht nur mit meinen Überzeugungen überein, sondern auch mit den Postulaten des »neuen Denkens«, die unserer Außenpolitik zugrunde lagen. Einfach ausgedrückt war es eine Politik des gesunden Menschenverstands, zu der wir und unsere westlichen Partner in diesen Jahren übergegangen sind. Sie ebnete den Weg für das Ende des Kalten Krieges.

Die friedliche Revolution von 1989

Das Jahr 1989 markiert einen historischen Wendepunkt – sowohl für Russland, wo erstmals freie Wahlen abgehalten wurden, als auch für die osteuropäischen Länder und die internationale Politik insgesamt. Vor allem aber für die Beziehungen zwischen unseren beiden Ländern.

Im Sommer 1989 kam ich zu meinem ersten offiziellen Besuch nach Westdeutschland. Wir haben unsere Verhandlungen mit der deutschen politischen Führung danach fortgesetzt. Ich persönlich war damals sehr beeindruckt, als für unsere Delegation, meine Frau Raissa und mich ein Treffen mit normalen Bürgern organisiert wurde. Es war unglaublich: Wohin wir auch kamen, versammelten sich Tausende, ja, Zehntausende Menschen, um uns zu begrüßen. Sie taten das von ganzem Herzen, es war spürbar.

Ich erinnere mich an eine Episode, als wir in Bonn, der damaligen Hauptstadt, auf dem weitläufigen Balkon des Rathauses standen, vor uns ein derart dichtes Menschenmeer, dass, wie eine alte russische Redensart lautet, »kein Platz mehr frei war, auf den ein Apfel hätte fallen können«. Der Bürgermeister und ich hielten kurze Reden, die von begeisterten Rufen begleitet wurden.

Plötzlich entdeckten wir am Fuße der Treppe einen

kleinen, vielleicht vier Jahre alten Jungen. Von seinen Eltern war nichts zu sehen. (Später stellte sich heraus, dass sie in der Nähe standen. Aber Sebastian, so hieß der Kleine, hatte sich losgerissen, um näher zum Zentrum der Ereignisse zu gelangen.)

Raissa fürchtete, er könnte von den Massen erdrückt werden, und eilte die Stufen hinab. Sie zog ihn mit Hilfe der Sicherheitsleute aus der Menge, nahm ihn auf den Arm und ging mit ihm zurück nach oben. Die Menschen waren begeistert, ich habe solche Beifallsstürme nie erlebt.

Einige Wochen darauf, im Oktober 1989, kam ich nach Berlin, um den 40. Jahrestag der DDR zu feiern. Es ist bekannt, dass Erich Honecker und einige andere Führer der DDR auf die Reformen in der UdSSR mit offener Ablehnung reagierten. Als wir, die Vertreter der sozialistischen Länder, zusammen mit den Führern der DDR auf dem Podium standen und eine feierliche Parade von Aktivisten der SED und ihrer Jugendorganisation vorbeimarschierte, wurde allen klar, dass die Teilnehmer des Marsches demonstrativ mit unserer Perestroika sympathisierten. Sie begrüßten mich als Führer der Sowjetunion ganz besonders. Einige skandierten gelinde gesagt ungewöhnliche Rufe: »Gorbi, hilf uns!«, »Gorbi, bleib bei uns!«.

Eine der wichtigsten Lehren, die uns das Jahr 1989 hinterlassen hat, lautet: Politiker sollten sich den Stimmungen und Bestrebungen ihrer Völker nicht verschließen.

Im Herbst 1989 begannen in verschiedenen Städten der DDR Kundgebungen unter dem Motto: »Wir sind das Volk!« – die Zivilgesellschaft der DDR machte auf sich aufmerksam –, und es wurden immer mehr. Die Idee der deutschen Einheit lag bereits in der Luft; bald hörte man immer häufiger die Parole: »Wir sind ein Volk!«

Zu dieser Zeit dachten wir – wie die westdeutschen Politiker auch –, dies sei allenfalls eine Perspektive für die ferne Zukunft. Aber das Leben hat seinen Lauf beschleunigt. Daher war es für uns keine Überraschung, als die Berliner Mauer am 9. November fiel. Es wurde immer deutlicher, dass die Wiedervereinigung nicht nur unvermeidlich war, sondern auch eine Frage der nahen Zukunft.

Heute, dreißig Jahre später, mag es scheinen, als sei der Weg dorthin geradlinig und glatt verlaufen wie eine deutsche Autobahn. Aber dem war nicht so. Wir und unsere Partner im In- und Ausland mussten enorme Schwierigkeiten überwinden und den beträchtlichen Risiken Rechnung tragen.

Welche Risiken meine ich? Die Lage in der DDR war Ende 1989, Anfang 1990 derart explosiv, dass es jederzeit zu einer Eruption mit unvorhersehbaren Folgen hätte kommen können. Sobald ich die Unvermeidlichkeit und (nicht nur für mich) unerwartete Schnelligkeit des Annäherungsprozesses zwischen den beiden deutschen Staaten erkannt hatte, setzte ich alles daran zu verhindern, dass der Drang zur Wiedervereinigung die anderen großen Aufgaben – die Beendigung des Kalten Krieges, die nukleare Abrüstung und die Normalisierung der Weltlage – gefährdet.

Ich habe versucht, alles zu tun, um den Vereinigungsprozess in geordnete Bahnen zu lenken und sicherzustellen, dass die Interessen aller Beteiligten, einschließlich der DDR, gewahrt werden. Die Protokolle meiner Gespräche während meiner Treffen mit Kohl, Genscher, Krenz, Modrow und de Maizière zeigen, dass ich zunächst – nachdem Honecker zurückgetreten und die Berliner Mauer gefallen war – mit einer Übergangsphase rechnete, mit der Möglichkeit eines tiefgreifenden Wandels der DDR. Kohl und Genscher waren in dieser Frage mit mir einer Meinung. Bald aber überschlugen sich in der DDR die Ereignisse.

Ich wurde gefragt, ab wann mir klar war, dass der Zug, der auf die Wiedervereinigung zurollte, nicht mehr aufzuhalten war. Vielleicht nach einem Treffen mit Modrow Ende Januar 1990? Nein, damals waren wir schon darüber informiert, dass der Zerfall der Staatlichkeit der DDR begonnen hatte.

Am 26. Januar hatten wir auf einer Sitzung im engsten Kreis über die Situation in Deutschland diskutiert. Die Frage, ob wir einer Wiedervereinigung zustimmen würden, stellte sich dabei gar nicht erst. Es war nämlich schon klar, dass sie stattfinden würde, und zwar schneller, als irgendjemand erwartet hatte.

Für einige Nato-Verbündete Westdeutschlands war diese Perspektive, auch wenn sie ihre Bedenken nicht öffentlich machten, alles andere als verlockend: Sie fürchteten, der neue Staat könnte zu mächtig werden.

Mitterrand drückte das mir gegenüber so aus, dass ein so gewichtiger Nachbar Frankreich »an den Rand« drängen könnte. Über Thatcher sagte Mitterrand, sie stehe der

Idee, Deutschland wieder zu vereinigen, feindselig gegenüber. Doch als die Deutschen, fügte er hinzu, bei den Volkskammerwahlen für die Einheit stimmten, »war sie die Erste, die ihnen Glückwünsche sandte!«

Auch bei uns waren nicht alle bereit, die Wiedervereinigung zu unterstützen. Im Februar 1990 gab ich der »Prawda« nach einem Treffen mit Bundeskanzler Kohl ein Interview, in dem ich unserer Haltung in dieser Frage ausführlich erörtert habe. Den Reaktionen darauf war für mich klar zu entnehmen, dass die Bürger meine Position nachvollziehen konnten.

Dieser Eindruck bestätigte sich im Sommer 1990, als ich mit Helmut Kohl meine Heimatregion Stawropol besuchte. Ohne ihm das vorher angekündigt zu haben, führte ich ihn zu einer kleinen Gruppe Kriegsveteranen. (Helmut sagte später seinem Berater Teltschik, dass er sich zunächst unwohl gefühlt habe.) Ich fragte sie, was sie davon halten, dass wir zusammenarbeiten, und sie reagierten durchweg positiv.

Ich habe mich sehr um die Verhandlungen mit allen Partnern bemüht und das Problem der Nato-Mitgliedschaft Deutschlands erörtert. In unserem Land gab die Aussicht, Deutschland könnte einer in der Zeit des Kalten Krieges entstandenen Organisation angehören, Anlass zur Sorge.

Es war damals nicht leicht, eine faire Lösung zu finden. Aber es gelang. Sie berücksichtigte die Souveränität des vereinten Deutschlands und gab ihm die Möglichkeit, selbstständig über die Frage der Mitgliedschaft im Bündnis zu entscheiden. Gleichzeitig wurde ein Vorrücken der militärischen Infrastruktur und der Nato-Truppen nach Osten vertraglich ausgeschlossen, wodurch das Gebiet der ehemaligen DDR entmilitarisiert und die Streitkräfte der Bundesrepublik Deutschland erheblich reduziert wurden.

Gemeinsam haben wir die schwierigste Aufgabe gelöst. Deutschland war in Frieden vereint. Ich bin stolz, dazu beigetragen zu haben.

Was die Geschichte lehrt

Die deutsch-russische Geschichte ist lang. Sie erstreckt sich über mehrere Jahrhunderte. In der Regel lebten wir als gute Nachbarn und nicht selten sogar als Verwandte miteinander. Die vielleicht berühmteste russische Zarin, Katharina II., war bekanntlich Deutsche. Menschen mit deutschen Wurzeln waren in vielen anderen Herrscherfamilien vertreten. Experten aus Deutschland wurden nach Russland eingeladen, um hier im Staatsdienst tätig zu sein. Unter den Professoren der Akademie der Wissenschaften befanden sich viele Deutsche. Mit der Zeit bildete sich aus den deutschen Siedlern – den sogenannten Russlanddeutschen – eine ganze eigene Nation.

Im Laufe der Jahrhunderte kam es gleichwohl immer wieder zu Auseinandersetzungen und Kriegen. Otto von Bismarck war als erfahrener Politiker überzeugt, die Deutschen müssten im Einklang mit den Russen leben, aber seine Landsleute hörten nicht auf den Rat des alten Kanzlers. Und so wurden unsere Länder im Ersten Weltkrieg Feinde.

Dann entfesselte das Hitler-Regime den Zweiten Weltkrieg, der für uns zum »Vaterländischen Krieg« wurde. Es war die schwierigste, wirklich tragischste Seite in der Geschichte unserer Beziehung. Hitler hat gegen uns einen

Vernichtungskrieg geführt. Wir haben zwar gemeinsam mit der Anti-Hitler-Koalition den Sieg errungen. Aber unser Land und seine Menschen erlitten riesige, nicht wiedergutzumachende Verluste.

Auch Deutschland wurde schwer verwüstet, Millionen Deutsche starben. Das Land war jahrzehntelang in zwei Teile geteilt. (Es hätte noch schlimmer kommen können: Nach dem Krieg machten einige westliche Politiker radikalere Vorschläge – Deutschland in mehrere Teile zu zerlegen, damit es nie mehr zu einem großen Einheitsstaat werden könnte.)

Die Lektion, die die Deutschen daraus gelernt hatten, wurde von den politischen Führern sowohl der DDR als auch der BRD wiederholt so ausgedrückt: »Das darf sich nie mehr wiederholen! Von deutschem Boden darf nie wieder Krieg ausgehen!«

Die DDR war aufgrund der Umstände für uns ein Land, mit dem wir freundschaftlich verbunden waren, ja, unser Verbündeter. Auch das Verhältnis zur Bundesrepublik verbesserte sich Schritt für Schritt. Kanzler Adenauer kam nach Moskau, um diplomatische Beziehungen aufzunehmen. Es ist wahr, dass nach dem Beitritt zur Nato von Zeit zu Zeit kriegerische Töne aus Deutschland zu hören waren. Trotzdem entwickelte sich das Land auf einem demokratischen Weg. Sozialdemokraten kamen in die Regierung. Willy Brandt läutete die »neue Ostpolitik« ein, der Moskauer Vertrag von 1970 wurde geschlossen (und später auch von den anderen Parteien der Bundesrepublik Deutschland gebilligt). 1975 unterzeichneten Leonid

Breschnew und Helmut Schmidt zusammen mit anderen Teilnehmern der Konferenz über Sicherheit und Zusammenarbeit in Europa die Schlussakte von Helsinki.

All dies bereitete die Bühne für die Ereignisse der späten 1980er Jahre, für das Ende des Kalten Krieges und die Wiedervereinigung Deutschlands.

Eine weitere Lehre, die uns die Geschichte der russisch-deutschen Beziehungen mit auf den Weg gibt, lautet: Jeder Schritt zum gegenseitigen Verständnis und zur Annäherung unserer Länder ist nicht nur nützlich, sondern kann auch einen Anstoß für eine grundlegende positive Veränderung der Situation in Europa geben. Aber natürlich nur, wenn man danach keinen Schritt zurück macht.

Die Erinnerung bringt mich erneut zurück zu den Ereignissen, die zur Wiedervereinigung Deutschlands geführt haben. Sie wurde unter anderem dadurch möglich, dass die Beteiligten versuchten, nicht nur ihre eigenen Überlegungen und Interessen, sondern auch die ihrer Verhandlungspartner zu berücksichtigen sowie die Ziele und Bestrebungen der Nationen, die sie vertreten.

Was habe ich damals für Überlegungen angestellt angesichts der Probleme, die mit der Perspektive einer Wiedervereinigung Deutschlands verbunden waren? Ich fragte mich: Lässt sich die Spaltung der Nation auf Dauer rechtfertigen? Darf man allen neuen Generationen von Deutschen die Schuld für die Vergangenheit geben? Aus moralischer Sicht schien mir das nicht akzeptabel. Ich gelangte zu der Überzeugung, dass die Deutschen das Recht haben, über ihr eigenes Schicksal zu bestimmen, natürlich unter Berücksichtigung der Interessen ihrer Nachbarn.

Darüber hinaus wäre es nur mit Hilfe der in der DDR stationierten sowjetischen Truppen möglich gewesen, den Prozess der nationalen Einheit aufzuhalten. Einige hatten mir zu solch einem drastischen Schritt geraten. Dies hätte aber bedeutet, die Politik des Umbaus, die auf die Beendigung des Kalten Krieges und des atomaren Wettrüstens abzielte, zunichtezumachen – die gesamte Perestroika wäre diskreditiert gewesen. Und natürlich hätte eine Unterdrückung der nationalen Bewegung in der DDR die Beziehungen zwischen unseren Völkern dauerhaft vergiftet. Zudem lautete seit den ersten Tagen der Perestroika einer meiner Grundsätze: Jedwede Form von Gewalt, und selbst die Androhung davon, sollten ausgeschlossen sein.

Wir haben versucht, uns in allen Phasen strikt daran zu halten. So sind wir trotz aller Schwierigkeiten Schritt für Schritt vorangekommen. Eine Folge davon war die friedliche Wiedervereinigung Deutschlands. Mit diesem Ereignis und dem Ende des zermürbenden Kalten Krieges verbanden die Politiker und Völker die größten Hoffnungen auf die Zukunft.

Und hier sind wir jetzt, in dieser Zukunft: Das zweite Jahrzehnt des 21. Jahrhunderts endet. Die Situation auf der Welt ist keineswegs so, wie wir es vor drei Jahrzehnten erwartet haben. Politiker und Medien erzeugen eine Atmosphäre der Feindseligkeit und Feindschaft. Die Vereinigten Staaten und die Europäische Union verhängen

»Sanktionen«. Deutschland unterstützt diese »Initiative«. Das erklärte Ziel ist es, Russland zu bestrafen.

Will Deutschland Russland wirklich bestrafen? Denken Sie über diese Worte nach. Das russische Volk, das unvorstellbare Opfer erbracht hat, um die Völker Europas, einschließlich der Deutschen, vom Hitler-Regime zu befreien. Die Russen, die vor dreißig Jahren Empathie bewiesen haben und dem sehnlichen Wunsch der Deutschen, in einem einzigen Land zu leben, nachgekommen sind.

Sie werden nun möglicherweise einwenden: Sanktionen sind ein Mittel, politische Differenzen auszutragen. Aber das probate Mittel, Meinungsverschiedenheiten zwischen Politikern beizulegen, ist bekannt: sich an den Verhandlungstisch zu setzen und so lange nicht aufzustehen, bis die Probleme gelöst sind. Auf Einwände wie »Das ist unrealistisch« oder »Es ist zu schwierig, undurchführbar!« habe ich eine einfache Antwort: Vor dreißig Jahren war alles viel schwieriger. Und viel gefährlicher. Fast eine halbe Million unserer Soldaten standen auf dem Territorium der DDR. Die Hindernisse schienen unüberwindbar, aber wir haben sie gemeinsam überwunden. Die Aufgabe schien unlösbar, aber wir haben sie gelöst. Wir haben es geschafft. Gemeinsam. Hätten wir uns darauf konzentriert, die jeweiligen Schwächen und Fehler des anderen zu suchen, statt aufeinander zuzugehen, wäre das Brandenburger Tor wahrscheinlich heute noch durch eine Mauer blockiert.

Deshalb möchte ich meinen Wunsch aussprechen, ja,

den Deutschen meinen Rat geben: Denken Sie nach, über die Vergangenheit und die Gegenwart. Bedenken Sie, wohin es uns führen kann, wenn wir den gegenwärtigen Weg der Feindseligkeit fortsetzen. Ich fordere von niemandem, auch nicht von der Presse, auf Kritik zu verzichten. Aber Kritik ist eine Sache, die Wiederbelebung eines Feindbildes eine völlig andere. Wer Nationen gegeneinander aufstachelt, verhält sich wie der Rattenfänger aus dem berühmten Märchen. Heutzutage kann so ein Rattenfänger die ganze Menschheit an einen Punkt führen, von dem es kein Zurück mehr gibt.

Wir müssen uns einen kritischen Blick bewahren, aber wir dürfen die Hauptsache nicht vergessen. Ich habe viele bedeutende deutsche Politiker, Persönlichkeiten des öffentlichen Lebens und Journalisten kennengelernt. Sie vertraten unterschiedliche Ansichten, in einem zentralen Punkt aber waren sie sich einig: Die guten Beziehungen zwischen Russland und Deutschland sind ein Wert, den wir unbedingt schützen müssen. Mein Freund Hans-Dietrich Genscher schrieb darüber in seinem letzten Buch, das kurz vor seinem Tod veröffentlicht wurde.

Noch ein letztes Wort. Wir können und müssen für normale, gute Beziehungen zwischen Russland und Deutschland sorgen. Hier sind vor allem unsere politischen Führer gefragt. Aber es gibt auch eine Verantwortung, die bei jedem Einzelnen von uns liegt. Das Wohlergehen Europas hängt davon ab, und in der heutigen, globalen Welt auch das des gesamten Planeten.

Die durchaus praktische Erfahrung aus der jüngeren

Geschichte beweist: Wir können unsere Beziehungen wirklich zum Besseren wenden. Wir müssen uns nur anstrengen, um das zu erreichen. Wir müssen erkennen, dass dies in unserer Verantwortung liegt.

Sagen wir uns: Wir können! Wir müssen!

Geist und Macht, Glanz und Tragödie:
Deutschlands berühmteste Familie

Keine andere Familie hat die deutsche Geschichte der
letzten hundert Jahre wohl mehr geprägt als die Weiz-
säckers. Auf der Grundlage langjähriger Recherchen und
zum Teil bisher unbekannter Dokumente zeichnet der
renommierte Biograph Hans-Joachim Noack den Weg
dieser Familie nach, die exemplarisch für die Höhenflüge
und die Abgründe deutscher Eliten stehen. Er erkundet
die erstaunliche Verbindung von Geist und Macht, von
Glanz und Tragik, und erzählt, wie nebenbei, eine deutsche Geschichte der letzten hundert Jahre.

Siedler

RICHARD VON
WEIZSÄCKER
Vier Zeiten
Erinnerungen

Eine der großen Persönlichkeiten der jüngeren deutschen Geschichte zieht Bilanz: Richard von Weizsäcker hat Maßstäbe
gesetzt, er ist zu einer geistig-moralischen Instanz geworden.
Ein außergewöhnliches Memoirenbuch – und zugleich eine
beeindruckende Geschichte des zwanzigsten Jahrhunderts.

*»Vier Zeiten« ist ein bewegender, sehr persönlicher Bericht über ein
deutsches Schicksal in diesem Jahrhundert.*
Hans-Dietrich Genscher

www.pantheon-verlag.de